Hommage aux Animaux
Comment notre destinée est-elle liée à celle du règne animal ?

ISBN QC : 978-2-923880-90-7
ISBN FR : 978-2-36411-041-0

Dépôt légal
Bibliothèque et Archives nationales du Québec, 1er trimestre 2012.
Bibliothèque et Archives Canada, 1er trimestre 2012.
France, janvier 2012.

Éditions Essénia
9269, Lajeunesse
Montréal (Québec), H2M 1S3 Canada

Éditions Essenia france
1, plan des Écureuils
34160 Sussargues, France

www.Nation-Essenienne.org
Onglet : Les Éditions Essénia

Imprimé au Canada.

Alain Contaret

Hommage aux Animaux

Comment notre destinée est-elle liée à celle du règne animal ?

À tous les animaux...

À tous les êtres vivants...

À ma Tradition sacrée...

Sommaire

Introduction

INTRODUCTION

Croiser un chien, rencontrer un chat, apercevoir un écureuil, entendre un oiseau, découvrir un essaim d'abeilles ou encore approcher une vache ou un cheval sont des expériences acquises pour la plupart des gens, et visiblement il n'y aurait pas grand-chose à rajouter... Certains d'entre nous ont déjà vu des lions, des éléphants, des dauphins et tant d'autres animaux encore...

On fait des reportages aujourd'hui, sur leur vie, sur leur souffrance parfois. En général, nous sommes en émerveillement devant les animaux, même si certains ne nous sont pas familiers. Il y a en eux une beauté qui nous interpelle, qui est celle de la vie. Mais notre société moderne entre-elle en résonance avec cette vie ? Quel est ce progrès qui ne donne pas sa place à l'animal, au végétal ou aux pierres, si on veut aller jusqu'au bout d'un vrai raisonnement écologique ?

La première prise de conscience est justement celle où on se rend compte que nous cohabitons avec tous ces êtres, tous ces peuples et que, de près ou de loin, nous partageons la même vie et la vivons d'une manière différente, selon notre espèce ou notre règne, dans ce tout harmonieux et intelligent qu'est notre univers.

Dans ce livre, nous allons partir à la rencontre du peuple animal, de sa place dans la nature, sa place dans l'épanouissement de l'homme, son rôle dans notre équilibre, ce qui nous fera toucher du doigt une notion de fraternité peu répandue, un regard différent sur l'environnement, une perspective d'avenir à rechercher, un lien précieux à préserver, car le rapport entre l'être humain et les animaux n'est pas ce qu'il devrait être, il est faussé par un aveuglement sournois qui semble le détruire de plus en plus dans l'indifférence et une certaine ignorance. Aussi, il était juste de présenter le règne animal sous un nouveau jour... plus éclairant et vivant.

De nombreuses citations de personnalités connues ou peu connues viendront rythmer, page après page, la lecture de cet ouvrage qui est un véritable hommage aux animaux qui, en ce début de millénaire, sont plus que jamais en détresse. Et si un « état des lieux » était nécessaire, décrit avec force, la grandeur et la beauté du peuple animal devaient être dévoilées, partagées, honorées. Les voix de différentes traditions viennent fortifier le point de vue proposé, et en particulier l'une d'entre elles, la Tradition essénienne, laquelle se laisse découvrir par son positionnement clair et authentique. Il ne s'agit pas de donner une supériorité à cette dernière, mais plutôt de mettre en avant son propre regard, qui découle d'un double enracinement : les lois de la nature et de la vie, et la connaissance de la structure globale de l'homme et de la Création. Une partie du livre lui est tout spécialement réservée, sachant que ce n'est qu'une présentation et qu'un développement plus approfondi sera nécessaire et apporté ultérieurement.

Il est évident que la question des animaux est un sujet à la fois intéressant, mais aussi sensible et touchant à notre mode vie moderne à travers l'alimentation et la compagnie qu'ils nous apportent.

La question à laquelle nous allons essayer d'apporter ensemble une réponse est une question philosophique de la plus haute importance, une question que nous nous posons nous-mêmes à travers nos multiples expériences et rencontres. Une question inconsciente, qui devrait au contraire emplir notre vie de splendeur : Qui sont-ils ?

Et cette question en entraîne une autre : Qui sommes-nous donc alors ?...

Les autres règnes, fidèles à eux-mêmes, nous aideront à trouver les réponses. L'actualité animale viendra en renfort pour nous pousser à aller jusqu'au bout de notre réflexion et enfin, à travers les lois de la vie, la Sagesse nous tendra la main, tel le proverbe *Aide-toi et le Ciel t'aidera...*

Libre à nous d'accepter ou de refuser les réponses qui, tels des éclairs de conscience, peuvent grandement nous éveiller. Libre à nous de refuser l'aventure ou de plonger courageusement dans l'océan de la Vie pour toujours mieux nous connaître, sans frontières, sans barrières, sans masques, comme le font les animaux et les autres règnes de la nature dans une simplicité d'être, une vérité d'être, une grandeur d'être. Alors, nous marcherons pas à pas vers une nouvelle façon d'être au monde, à l'autre et à tous les autres, visibles et invisibles...

C'est ce que ce livre propose à votre conscience, à votre intelligence, à votre cœur. C'était un défi à relever, par amour de la Vie en tous les êtres vivants...

Que la dignité qui accompagne ces mots illumine la vôtre et si vous croisez le regard d'un de nos « petits frères », puisse un monde s'ouvrir à vous : celui de la noblesse véritable, qui attend de nous la force de l'engagement, pour le bien de tous les êtres...

CHAPITRE 1

Nos frères les animaux

Nos frères les animaux

« Ne fais pas à l'autre
ce que tu ne voudrais pas qu'on te fasse... »

Jésus

L'homme contemporain cherche en premier lieu la satisfaction personnelle, et met en avant l'importance de se faire plaisir, de penser à lui-même, à son avenir. Alors il étudie, travaille, gagne de l'argent, satisfait à ses obligations d'homme dit civilisé. Il est clair que l'amour qu'il se porte est au premier plan et que nul ne doit lui dire ce qu'il doit faire... Pourtant, malgré toute son instruction, son confort matériel, il ne voit pas que la vie individuelle est subordonnée à la vie collective. Beaucoup de gens diront qu'ils s'investissent pour les autres et que donc, tout va bien. Cela serait crédible s'ils n'étaient pas si incohérents dans leur vie de tous les jours. Tu penses à toi ? Mais tu manges ces cadavres ! Tu penses à toi ? Mais tu détruis la forêt, ton environnement ! Tu es mort si tu n'as pas conscience de « l'autre » dans l'animal, le végétal, les montagnes, les pierres. Si tu penses que tout est insignifiant au point que plus rien dans la nature ne fait partie de ton regard, de ta sphère de vie, alors quelle vie vis-tu ? Ou plutôt quelle vie acceptes-tu de vivre ? Comment ne pas voir que la consommation est le maillon le plus important de cette chaîne de destruction massive de la vie et que toi, homme, tu participes à l'hécatombe de millions d'animaux qui pourtant ont un corps comme toi ? Que fais-tu de ton corps ?

Voltaire (1694-1778), écrivain et philosophe français, nous dit franchement : « Qu'y a-t-il de plus repoussant que de se nourrir continuellement de chair de cadavre ? »

La sagesse chinoise antique, à travers le « Tao de longue vie », est plus directe et nous montre sans détour la réalité de l'être humain, qui dans son ignorance et son mensonge déguisé, est plus bas qu'un animal, ce que nous montre son comportement hélas inconscient la plupart du temps :

« La chair de l'homme est exactement la même que la chair rouge des animaux ; en mangeant de la chair animale, l'homme est devenu cannibale. »

Le grand Sage Pythagore (570-480 av. JC), que nous connaissons tous, nous ramène à la réalité du monde d'aujourd'hui ; une réalité qui se passerait bien des commentaires stériles de la télévision et de la presse pour pouvoir nous dire ce que nous ne voulons pas entendre, ce sur quoi nous fermons les yeux, étant dans une carapace d'insensibilité, une vérité qui peut bousculer nos habitudes :

« Tant que les hommes massacreront les animaux, ils s'entre-tueront. Celui qui sème le meurtre et la douleur ne peut récolter la joie et l'amour. »

Une évidence que malgré tout beaucoup refusent, sans se poser de questions. Mais tout est fait pour que l'on ne s'en pose pas. Cependant certains, plus épanouis, plus libres, plus courageux, plus vrais, s'en sont posé et leurs réponses diffèrent de celles que la société, le système en place, nous donne. Ils pensaient à eux, c'est-à-dire à leur conscience, à leur dignité, celle de l'être humain. Une dignité qui accueille celle de tout être vivant.

Emmanuel Kant (1724-1804), dont les œuvres sont pourtant étudiées en philosophie, nous enseigne : « Nous pouvons juger le cœur d'un homme par son comportement envers les animaux. »

« La cruauté envers les animaux est la violation d'un devoir de l'homme envers lui-même. »

La Tradition essénienne nous a donné ce commandement merveilleux à travers Jésus :

« Aime ton prochain comme toi-même ! »

Ou encore :

« Ne fais pas à l'autre ce que tu ne voudrais pas qu'on te fasse. »

Quel bouleversement ! Et si ton prochain, c'était aussi le bœuf ou le poulet que tu manges ? Si c'était les poissons et tout animal avec des yeux ? Et si c'était l'arbre ou la fleur que tu rencontres bien souvent au jardin public ou à la campagne, sans parler du rocher ou de la montagne, de l'eau, de l'air, de la Terre... notre planète ! Oui, quel bouleversement dans notre façon de regarder le monde, de penser la vie, puisque tout est interdépendant et donc dans une proximité vivante. Notre propre corps est là pour nous le rappeler, la respiration et la nutrition également. Tout ce qui participe au maintien de la vie naturelle est digne de respect et de compassion, d'amour et de reconnaissance, car il est du devoir de chacun et de chacune de préserver ce lien vivant avec ce grand Tout cohérent et intelligent par un regard vivant, une attitude supérieure de noblesse et de beauté face à la vie, que nous chérissons tous en vérité.

Et pourtant... Où sont les chevaliers qui veulent défendre le prochain, l'autre, c'est-à-dire l'animal et tous les règnes de la nature ? Pourquoi cette somnolence et cette acceptation devant la dégradation de l'environnement tout entier dans la conscience de l'homme, dans son cœur, pour qu'il ne puisse réagir, tel un être sans âme, un mort-vivant ?

Voici ce que le prince Sadruddin Aga Khan (1933-2003), qui fut un Haut Commissaire des Nations Unies pour les réfugiés, nous dit concernant les souffrances infligées aux animaux : « Le raisonnement justifiant la vivisection, le sacrifice de créatures que nous considérons comme des êtres « inférieurs », diffère peu de celui qui justifie le camp de concentration ou le commerce des esclaves. »

Ce que confirme admirablement une déclaration attribuée au chef indien Seattle (vers 1786-1866) : « Qu'est-ce que l'homme sans les bêtes ? Si toutes les bêtes disparaissaient, l'homme mourrait, car ce qui arrive aux bêtes arrive bientôt à l'homme. »

Il est bien évident que la relation entre le comportement de l'être humain envers les animaux et son environnement et son comportement envers ses semblables peut paraître dénuée de sens pour beaucoup. Mais la Sagesse est toujours venue de la nature et de la vie. Ne pourrions-nous pas transposer cette vérité sur les quantités de films où la violence est reine et presque adulée comme une déesse puisque nul ne dénonce vraiment son action perverse sur les jeunes et les adultes sous prétexte de démocratie, sans savoir que qu'elle est devenue une sorte d'accoutumance, une drogue ? Paradoxalement, elle nous éloigne de la réalité de la souffrance dans le concret car elle nous fait peur... Tuer des gens ou des animaux dans les jeux vidéo rend banale la violence et après il ne sert à rien de se lamenter devant la télévision, face aux images qu'elle nous montre. À la limite, c'est un somnifère bien préparé, la mort et la souffrance étant en vérité deux sujets tabous, deux questions existentielles sur lesquelles on ne veut pas obtenir de réponses. L'être humain moderne préfère une politique de sécurité qui le rend faible, irresponsable, se résignant à une société morte de peur, qui a peur de vivre. Certainement qu'une intelligence a intérêt à ce que l'homme perde contact avec toute sagesse, tout bon sens et tout lien avec les lois de la vie.

L'enquête suivante, que relate Morris Desmond (né en 1928), zoologiste anglais et artiste-peintre, est étonnante et laisse à réfléchir :

« Les animaux de ferme ne sont que de la viande sur pattes. Transformés en aliments, ils sont conditionnés afin que disparaisse tout signe de leur nature. Au cours d'une enquête, on a demandé à des enfants des villes d'où venaient les œufs. « Du supermarché ! » ont-ils répondu. Mais avant, d'où venaient-ils ? Ils ont haussé les épaules. [...] Nous vivons dans l'ère de la spécialisation, et les questions de vie et de mort sont gardées secrètement à distance. S'il fallait faire l'abattage nous-mêmes, les végétariens seraient beaucoup plus nombreux. Ceux qui nous vendent ces aliments s'en doutent, et c'est pourquoi la plus grande partie de la viande est exposée sous forme de paquets enveloppés de cellophane ou de nylon qui ne donnent pas le moindre indice de son origine animale. C'est une nourriture abstraite pour une génération qui préfère ne pas associer la viande qu'elle consomme avec les animaux dont elle provient. »

Il y a vraiment une anesthésie générale de la conscience qui conduit à l'abrutissement et à l'aveuglement, à une dépossession de la personnalité, qui entraîne une inconscience collective. L'homme moderne ayant quasiment remis son destin - donc son âme - entre les mains d'une intelligence artificielle, puisqu'il le devient lui-même de plus en plus, s'affaiblit peu à peu dans une mécanisation de sa vie, de sa pensée, sans volonté apparente de se ressaisir et de prendre sa vie en main. Et si la souffrance animale trouve satisfaction dans la guerre et la violence de plus en plus présentes, elle la trouve également dans la souffrance intérieure, la dépression, le suicide, etc. La jeunesse, les femmes et les enfants sont les principaux touchés, et ce fait est voulu et accepté par la majeure partie de l'humanité. Si elle continue, elle sera composée majoritairement d'hommes-machines, ce qui serait la suite logique, l'aboutissement de tout ce que nous voyons et entendons actuellement, puisque nous acceptons tout ce qu'on nous propose sans nous projeter un tant soit peu dans l'avenir de ce chemin.

Romain Rolland (1866-1944), écrivain français et Prix Nobel de littérature, a entre autres déclaré :

« La cruauté envers les animaux, et même déjà l'indifférence envers leur souffrance, est à mon avis l'un des péchés les plus lourds de l'humanité. Il est la base de la perversité humaine. Si l'homme crée tant de souffrance, quel droit a-t-il de se plaindre de ses propres souffrances ? »

La déclaration suivante du Mahatma Gandhi (1869-1948), que Romain Rolland a par ailleurs rencontré, serait digne d'un vrai chef d'État, sage et impersonnel :

« La grandeur d'une nation et ses progrès moraux peuvent être jugés de la manière dont elle traite les animaux. »

Mais le sentiment du sacré, du respect, semble s'évaporer de notre cœur, au point que toute parole qui y fait allusion devient suspecte, étrange et non appropriée aux valeurs actuelles. Mais de quelles valeurs une société peut-elle se réclamer et prétendre défendre si ceux et celles qui la composent n'ont de la valeur que parce qu'ils font fonctionner la machine économique et sont ensuite parqués en maison de retraite ? Aussi, nous pouvons clairement énoncer que la maltraitance des animaux - et du vivant sous toutes ses formes - est un droit que l'homme s'est octroyé en retirant ou en acceptant que soit retiré aux règnes de la nature le droit fondamental d'exister. Mais lui-même ne s'aperçoit pas qu'une intelligence perverse, un système bien pensé, les lui enlève progressivement par le biais de la technologie et son besoin de sécurité.

Le Docteur D. Starr (1851-1931) va dans ce sens, disant explicitement :

« Notre traitement à l'encontre des animaux sera un jour considéré comme barbare. Il ne peut pas y avoir de civilisation parfaite tant que l'homme ne se rend pas compte que les droits de chaque créature vivante sont aussi sacrés que les siens. »

Alors vient la grande Loi sacrée, une parole supérieure à celle de l'homme, qui résonne au cœur de l'existence et que l'on veut étouffer par toute sorte d'artifices et de mensonges : « TU NE TUERAS POINT... ! »

Quelle force ! Cela n'est pas rassurant quand on voit ce que nous, les hommes, faisons de la vie... Moïse, cet être exceptionnel, ce grand Sage égyptien et Initié aux Mystères profonds de la vie, a dû trembler, tellement cette parole est plus grande que la vie elle-même, notre petite vie mondaine, nos petites satisfactions certes utiles, mais passagères, comme nous d'ailleurs ; car il faut la regarder en face : la vie est courte. Un des dix commandements mentionné dans la Bible et connu dans le monde entier !

Qui a créé les animaux, les végétaux, les minéraux, la terre et a ensemencé celle-ci de sa vie ? Imagine que ce soit le soleil, tel un représentant d'une Intelligence supérieure à la nôtre, puisque notre vie est subordonnée à la sienne. Qui peut prononcer une parole aussi immense ?

Puisqu'une intelligence perverse existe, ce que l'on peut supposer étant donné que nous voyons les résultats d'une telle présence dans la conscience de l'homme, faussant toute relation avec lui-même d'abord - son âme ou son intégrité première -, une Intelligence Supérieure te dit aussi, en correspondance avec ce commandement de vie :

« Ce que tu fais à l'un de ces petits, c'est à moi que tu le fais... » Elle s'exprimait à travers un être exceptionnel lui aussi : Jésus, dont on connaît aujourd'hui l'origine essénienne. Il faut le dire pour que le monde sache, pour que notre cœur s'ouvre à une vision autre des choses. Cela signifie qu'il y a toujours eu dans toutes les cultures des communautés d'êtres qui avaient la sagesse, parce qu'ils aimaient la vie grande, belle et authentique.

Si tu réalises une œuvre d'art et que tu l'exposes, tu conviendras que celui qui t'aime prend soin de ton œuvre aussi. S'il la salit et la dégrade, tu en seras affecté comme si quelque chose en toi avait été sali et dégradé car ton œuvre est un prolongement de toi, quelque chose de toi que tu exposes, et en définitive, c'est toi. Toi et ton œuvre, vous ne faites qu'un. Alors, un être qui serait religieux par exemple et qui dirait qu'il aime Dieu, tout en méprisant la création de Dieu, serait un menteur et s'il laisse tout faire, c'est un hypocrite et un être dangereux car on ne peut pas compter sur lui. Par contre, les animaux ont toujours été fidèles et vrais. Mais ce dont il importe aussi de prendre conscience, c'est que nous faisons partie intégrante de cette grande œuvre qu'est la Vie, la Nature. Donc, cette Beauté, cette Intégrité, cette Identité qui a créé le monde est en nous par simple évidence, et vouloir s'en affranchir par ignorance et orgueil est la pire maladie qui soit.

Le poète et homme politique français Lamartine (1790-1869), dans une sensibilité vraie et pure, s'exprime en ces termes : « Nous ne pouvons pas avoir deux cœurs, un pour les animaux, un autre pour l'homme. Dans la cruauté envers l'un ou l'autre, il n'y a aucune différence, sauf pour la victime. »

Alors, il y a la conséquence, comme un retour de bâton, la résonance d'une trahison, une loi implacable mais juste : « Celui qui tue par l'épée périra par l'épée », affirme le Maître Jésus, ce grand Essénien amoureux de la vie et qui s'était fait le porte-parole d'une réalité, d'une morale à accepter avec humilité et grandeur d'âme.

Léon Tolstoï (1828-1910), écrivain et penseur russe, s'était approché de cette loi incontournable en disant :

« Tant qu'il y aura des abattoirs, il y aura des champs de bataille. »

Dans cette perspective, l'expérience directe et concrète avec la réalité de l'enfer animal et l'horrible ambiance de cris, de peur, de mort qui emplit ces endroits est une étape non négligeable pour s'éveiller et voir de l'autre côté de l'assiette, de la chaîne...

Alors, il est des personnalités médiatiques, comme Brigitte Bardot, qui se sont levées pour prendre la cause animale à bras-le-cœur. Ainsi, elle invite à oser se déranger pour constater, et donc manger en toute conscience, si on le souhaite vraiment. C'est un acte de responsabilité et une acceptation de notre propre part d'humanité, le cas échéant. Elle recommande : « Ayez le courage de vos opinions, visitez les abattoirs et continuez à manger de la viande si vous n'avez pas le cœur soulevé par ce que vous avez vu ! »

« Si tu n'as pas la vision du ténébreux, tu ne peux aller vers la Lumière », affirme Olivier Manitara. Ce Maître essénien a tout à fait raison, et la cause animale passe par la clarté. Clarté de l'horreur qu'ils vivent, et clarté de leur rôle indispensable dans notre épanouissement, dans notre équilibre et qui force l'humilité, devant tant d'innocence et de sagesse. Pour appuyer cette loi, il nous expose brièvement la complicité que nous avons avec le règne animal, et comment, en la fragilisant et la dédaignant, nous ressemblons fort à un homme qui, ayant construit sa maison sur du roc, s'aperçoit que le sol devient du sable mouvant...

« L'animal connaît son propre monde, sa propre sphère d'existence. En revanche, dès que l'être humain s'approche de lui, il ressent une confusion, un trouble, car ce dernier n'est pas clair et ne se connaît pas lui-même. Il n'est pas relié à une intelligence qui emplit sa vie de sens. Il apporte le non-sens, le déséquilibre partout où il va. C'est cette confusion qui a éveillé la bestialité, la cruauté, l'acharnement contraires à toute intelligence dans l'humanité. Parce qu'en définitive, le genre humain est étroitement lié au règne animal. Par cette connexion, par cette interaction, il est clair que s'il engendre la confusion chez ce règne qui le porte, elle ne peut que lui revenir tel un boomerang. Elle entre alors dans ses pensées et ses sentiments, jusqu'à ce que l'être humain se sente totalement perdu et commence à agir sans aucune intelligence. » (Extrait de son livre *Dialogues avec la Mère-Terre.*)

Olivier Manitara proclame également, haut et fort :

« La violence qui pousse l'homme à répandre le sang des animaux sur la terre est la même que celle qui pousse les individus à s'entre-tuer. » (Extrait de son livre *La Paix.*)

Le proverbe dit : *Qui sème le vent récolte la tempête.*

Quelle tempête aujourd'hui dans le monde ! Un vent de rage souffle partout. Nous, les êtres humains, nous avons outrepassé nos droits et avons laissé de côté nos devoirs et obligations conformes à notre rang qui est, certes, supérieur à celui des animaux mais dont nous n'avons pas étudié ni compris les tenants et les aboutissants.

Pourtant, Jésus avait légèrement soulevé le voile de cette question en s'adressant à ses disciples. Une parole à méditer, à chérir, tellement elle est solaire, dans un « prendre soin » universel :

« Le plus grand parmi vous sera le plus grand serviteur », disait-il.

Albert Schweitzer (1875-1965), théologien protestant, médecin et musicien, avait pris conscience de cette vérité qui a une portée bien plus grande que ce qu'on a pu en saisir. Et il est vrai que le soleil en est une représentation sublime. C'est pourquoi il en a conclu :

« Nous devons combattre l'esprit de cruauté naïve avec laquelle nous disposons de l'animal. Les religions et la philosophie se sont préoccupées du problème de notre comportement envers nos semblables mais non à l'égard de l'animal, qui est pourtant susceptible des mêmes souffrances que nous. Un comportement véritablement humain ne nous permet pas de lui imposer des épreuves. C'est tardivement que nous avons pris conscience de ce problème. Nous devons susciter dans le monde un mouvement d'opinion et prendre au sérieux un devoir que nous avons jusqu'à présent perdu de vue. »

« Je suis en faveur des droits des animaux autant que des droits de l'homme », a par ailleurs magnifiquement déclaré le premier président des États-Unis, Abraham Lincoln (1809-1865).

Nous pourrions ajouter les droits des arbres, des fleurs, des pierres ; en un mot... les droits de la Terre.

Cela devient évident si nous voulons aller jusqu'aux bout de la protection animale, et nous serions les premiers récompensés par une vie calme, posée, clarifiée à travers notre devoir accompli en tant que régents de la Terre. Une responsabilité confiée, qui suppose une autorité supérieure puisque nous ne sommes pas maîtres de la vie. Et il en ressort que nous recevons la vie en permanence, à travers notre relation avec le vivant en tout et partout. L'humilité est de reconnaître notre place, certes unique, mais subordonnée à l'ensemble. C'est ainsi que le pasteur et botaniste Otto Schaeffer (1919-2009) a fait remarquer que :

« Renier la dignité de la créature animale, c'est renier l'humilité de la créature humaine, c'est renier la gloire inégalable du Dieu créateur pour s'arroger une gloire humaine qui se transforme aussitôt, puisqu'elle n'est pas due à l'homme, en bassesse inhumaine. »

En somme, vivre pour l'Ensemble et en recevoir le meilleur nous garantirait une stabilité et une assurance de vivre pour retrouver une véritable légèreté d'être, en harmonie avec nous-mêmes et tous les règnes « en-dessous » et « au-dessus » de nous. L'être humain ne pense pas ou ne veut pas regarder vers le haut. De ce fait, et ne regardant que vers le bas, il a l'impression d'être supérieur à tous et l'orgueil s'installe... avec son cortège de pensées, de sentiments et de comportements anarchiques.

La simple attitude de se mettre à la place des animaux que l'on torture et massacre nous donnerait des frissons. D'ailleurs, la barbarie a existé et existe toujours de multiples façons. Aujourd'hui - il faut le dire pour s'éveiller, se réveiller -, tout peut arriver car la vie que l'on mène actuellement, ou qu'on nous impose, est vécue comme une torture par beaucoup, menant à l'insatisfaction permanente, l'ennui, la peur, la maladie, la dépression et le suicide. Oui, l'avenir pose question pour chacun et chacune d'entre nous, puisque nous enlevons celui de l'autre, de l'animal par exemple. On dirait qu'il n'y a pas de grandeur d'âme dans notre règne humain, alors que par leur attitude naturelle et vraie, les animaux nous montrent qu'ils ont une dignité, c'est-à-dire une âme. En avons-nous une ? Il paraît que oui, mais pour plus beaucoup de temps visiblement, car si l'animal est devenu une chose, pourquoi pas nous ? Le peu de conscience qu'il reste dans l'humanité nous invite à suivre cette recommandation : « Ne fais pas à l'autre ce que tu ne voudrais pas qu'on te fasse. »

« Ce que tu fais à l'un de ces petits,
c'est à moi que tu le fais... »
Jésus

Face à la disparition de nombreuses espèces animales et à la réalité du comportement innommable de l'être humain envers les animaux, seul un changement de regard sur la vie animale, et toute vie autour de nous peut, accompagné d'actions fortes, claires et authentiques de fidélité d'amour envers ce règne - que nous portons en nous, dans notre corps physique et nos sentiments - apporter un changement salutaire d'abord dans les mentalités, au nom du respect de la vie en nous et dans laquelle nous baignons via l'atmosphère, comme dans un océan.

Face à cette intelligence barbare qui désacralise tout et détruit tout et qu'incarnent ceux qui en sont les acteurs par l'élevage moderne et l'expérimentation animale, la pollution des éléments et la déforestation systématique, entre autres, et ceux qui laissent faire honteusement, nous devons nous mobiliser dans une dynamique universelle de la vie pour nous sentir concernés au point d'être touchés dans notre intimité, notre dignité, notre humanité, notre intégrité et notre identité, en voyant que des nôtres prennent plaisir à faire souffrir et à maltraiter des êtres vivants sans défense et à salir l'être humain en banalisant un tel comportement par le biais d'une société de consommation.

Alors, en nous levant, bien droits, nous pouvons clamer également que ce que fait cette intelligence perverse à l'un de ces petits, c'est à nous qu'elle le fait.

Le corps, les sens ne peuvent que nous rapprocher du règne animal qui, loin d'être inférieur à celui de l'homme, constitue une base solide, vivante, sur laquelle les êtres pensants et spirituels que nous sommes stabilisons notre vie.

Nos besoins de manger, de nous vêtir, de bouger nous invitent à regarder la réalité du corps - et donc de la vie sur la Terre - à travers une conscience vraie d'interdépendance avec la Nature tout entière, conscience évidente chez nos frères et amis les animaux. Les êtres civilisés de technologie et de fausse liberté que nous sommes aujourd'hui sont dans une impasse mondiale face à la Vie, à nos obligations et à notre rapport avec nous-mêmes en fin de compte.

Le petit enfant le sait, lui qui gambade dans l'innocence de son petit corps. Il sait d'où il vient et où il faut aller en cas de problème : vers sa maman qui est aussi la grande Mère, la Vie.

Tu vois un animal, un chat par exemple... En cas de besoin, il ira chercher des plantes pour se soigner et écoutera son instinct, donc la sagesse de la Nature en lui, celle de la Terre-Mère qui protège et guérit. Cette humilité serait salutaire pour nous, pour notre dignité humaine et la maîtrise des évènements de notre vie.

Et si beaucoup ont tué l'enfant en eux sous prétexte d'être adultes et conformes à une certaine norme, l'animal en nous et qui nous porte a été sacrifié, lui, sur l'autel de l'orgueil. Cette réalité intérieure est malheureusement confirmée par le comportement odieux et indigne de la société humaine envers le règne animal. L'être humain, dans cette bassesse d'action, montre ses peurs et sa lâcheté en maltraitant le plus petit et donc le plus faible que lui. Il y a là un mélange d'orgueil qui refuse son lien avec la Nature, sa Mère véritable. Dans ce lien, les animaux ont beaucoup à nous apprendre sur les mystères de la Nature et de la Vie, qui nous échappent.

Tu vois un écureuil ou un chien courir en liberté, un oiseau s'envoler vers les hauteurs et cela te parle d'un épanouissement, d'une légèreté d'être. Sommes-nous trop lourds, gavés de connaissances et de confort ? Il est sûr qu'à l'heure du grand passage, celui de la « mort » du corps, tout va retomber… notre orgueil, notre puissance illusoire, notre fausse liberté. Les animaux savent mourir alors que nous, nous tremblons et rêvons d'une immortalité physique qui ne viendra pas.

Si tu as une âme, tu verras la beauté dans l'animal, sa majesté, sa dignité. La liberté de l'envol, l'agilité d'un saut, la puissance majestueuse d'une démarche royale font rêver et nous parlent d'un mystère : le nôtre. Les animaux s'inclinent devant la vie mais pas n'importe laquelle, devant la maîtrise, la force intérieure, l'Intelligence et la conscience claire.

Le règne végétal honore le règne animal et le sert dans une harmonie parfaite, et il s'offre en nourriture, en espace de vie qui est protection et beauté d'amour, reconnaissance. Ainsi, nous retrouvons l'ambiance d'un placenta sacré, celui de la Nature pour ses enfants. L'humilité serait de le reconnaître et de le protéger.

Les animaux veulent nous donner aussi quelque chose de sacré, de vrai, car nous sommes un règne supérieur dans la floraison créatrice de la Vie. Voudrait-on donner à un enfant irrespectueux, à un roi cruel, à un ouvrier paresseux ? Non, évidemment.

Qu'est-ce que l'homme en fin de compte pour les animaux ? Un dieu, un mystère ? Certes, mais surtout le garant de l'équilibre dans la Nature, un pilier du temple sacré et vivant qu'est la Nature. Un pilier que veut respecter toute espèce animale car un mystère plus haut et plus grand se trouve au-dessus de l'être humain. Une double humilité qui peut faire de lui la merveille du monde, le centre puissant de l'harmonie et de la Paix.

Mais que savent les animaux de ce mystère au-dessus de l'être humain ? Ils savent qu'il existe une vie supérieure à celle qui est dans l'humanité, et cette vie, ils la connaissent et l'entrevoient à travers leur environnement, les montagnes, les couleurs, l'eau, l'air, etc. La Vie de la Mère-Nature cache un secret, un lien invisible avec une autre Vie - celle du Père Créateur - qui à travers le soleil fait naître cette espérance en toutes les créatures, à l'image des végétaux qui tendent vers Lui de toutes leur forces...

Les animaux veulent nous donner leurs qualités pour que nous puissions nous élever vers les hauteurs d'une autre conscience de la Vie, comme des piliers forts, stables et bien droits puisque nous en avons la verticalité. Et cela dans un but unique : celui d'être les porteurs d'un Monde Supérieur qui ne peut se poser sur la Terre que si nous sommes solides, c'est-à-dire de vrais êtres humains qui deviennent les ambassadeurs de la Paix libre, maîtrisant et guérissant ce qui est encore chaotique en eux-mêmes et donc autour d'eux.

Ainsi, l'écologie animale passe par l'ensemble des règnes et une vision globale de la vie, d'une logique de vie dans laquelle l'être humain doit s'insérer avec confiance, courage et dignité.

« Ce que tu fais à l'un de ces petits, c'est à moi que tu le fais », disait le grand Maître essénien Jésus.

« Ceux qui sont bons envers les créatures de Dieu sont bons envers eux-mêmes », affirmait le Prophète Mahomet.

« C'est s'accoutumer à répandre le sang humain que d'égorger d'innocents animaux, et entendre, sans pitié, leur tristes gémissements », professait l'illustre Pythagore.

Nous pouvons voir que la Sagesse a toujours voulu nous éclairer à travers certains d'entre nous qui voulaient vivre et demeurer en accord avec Elle. Ils se sont mis dans cette double humilité - envers les règnes de la Nature et les règnes d'une conscience supérieure -, faisant d'eux des êtres de noblesse et de hautes vertus. Une chevalerie intérieure doublée d'un héroïsme à toute épreuve. Car, comme le dit si bien le Tao-té-King de Lao Tseu, grand Sage chinois en son temps : « Qui triomphe d'autrui est fort, qui triomphe de soi est puissant. »

Ou comme nous l'enseigne le livre des Proverbes dans la Bible : « L'homme juste prend soin de la vie de ses animaux. »

Ou bien encore le livre des Psaumes, toujours dans la Bible, en une phrase que nous pourrions qualifier de « bouddhique » : « l'Éternel est bon envers tous, et ses compassions s'étendent sur toutes ses créatures. »

La Sagesse a traversé les âges sous une forme ou sous une autre, et si notre époque montre un être humain sans conscience, laissant la cruauté faire sa demeure en lui et autour de lui - lui-même se cachant derrière un masque de mensonge, d'impuissance et d'indifférence nauséabondes tel un cadavre ambulant -, d'autres ont alerté et montré la responsabilité endossée par la société humaine, au vu de son comportement ignoble et barbare envers les animaux, ses amis fidèles, ses frères de toujours devant la Vie.

Si nous sommes tous une partie de cet organisme vivant, comment ne pas voir dans le comportement de l'être humain une trahison qui se solde par une déchéance progressive tant sur le plan moral et psychologique que sur les plans physique et spirituel. Le Coran lui-même affirme brillamment : « Toutes les créatures vivantes sur Terre sont des êtres sensibles. Il n'existe aucun animal sur terre ni d'oiseau dans le ciel qui ne soit pas de votre communauté. » (Coran 6: 38.)

Incroyable, alors que nous devenons de moins en moins sensibles d'une part à la souffrance animale, et d'autre part au langage et à la beauté de la Nature, sans parler des paroles éclairantes du Sage qui veut nous libérer de l'emprise de la destruction et de la bestialité.

Alors, au milieu de ce tumulte incessant de grossièretés maladives, des êtres élèvent la voix et font entendre le cri des animaux (voir le message des animaux à la fin du livre). L'être humain n'étant pas toujours objectif, il ne pense pas qu'il y a des lois dans la Nature, dans la Vie tout simplement. Effectivement, pourquoi tel comportement n'engendrerait-il pas un même comportement, tel un miroir de nos propres actions ? La question se pose avec force dans la conscience de celui qui veut comprendre. Quelle valeur l'être humain possède-t-il aux yeux du système dans lequel il vit et qui se sert de lui... tel du « bétail », tel un esclave ?

Laissons deux grands Sages contemporains nous éclairer :

« En apparence, la guerre est due à des questions économiques ou politiques, mais en fait, elle est le résultat de tout ce massacre que nous faisons des animaux. La loi de justice est implacable et elle oblige l'humanité à payer en versant autant de sang que les hommes en ont fait verser aux animaux. Que de millions de litres de sang répandus sur la terre et qui crient vengeance vers le Ciel ! »

« Nous tuons les animaux, mais la nature est un organisme, et en tuant les animaux, c'est comme si nous touchions certaines glandes de cet organisme ; à ce moment-là, les fonctions se modifient, et après quelques temps la guerre éclate chez les hommes. »

« Tous disent que l'on doit enfin faire régner la paix dans le monde, qu'il ne doit plus y avoir de guerre... mais la guerre durera tant que nous continuerons à tuer les animaux, parce qu'en les tuant, c'est en nous-mêmes que nous détruisons quelques chose. »

« En tuant les animaux pour les manger, on leur enlève le droit de vivre et d'évoluer. »

Ainsi a parlé le grand Sage essénien et guide spirituel Omraam Mikhaël Aïvanhov (1900-1986) dans son livre *Hrani yoga, le sens alchimique et magique de la nutrition*.

Dans la même perspective d'éclairer au plus près les lois de la Vie, la Tradition essénienne, à travers son représentant actuel, Olivier Manitara, nous dit dans son livre *Dialogues avec la Mère-Terre* :

« Si l'homme coupe son lien avec l'animal, il se perd lui-même, il n'a plus de racines, de terre et deviendra bien souvent « bête », féroce, un être cruel... Aucun animal n'est bête, féroce, cruel... Les hommes, quant à eux, le sont fréquemment. La raison de ce comportement vient du fait qu'ils se sont coupés de l'union avec l'animal. Ils ont brisé le lien harmonieux, idéal, moral, empli de sagesse et de sens profond qui les unissait. De la même manière que la plante ne peut pas vivre sans la terre, l'homme est perdu sans l'animal. »

« Si nous laissons les animaux se faire tuer dans les abattoirs, sans respect ni conscience, dans des mers de sang, dans une barbarie sans nom, sans nous lever et dire « non », tout ce qui est beau et bien dans notre vie finira par être détruit. »

« Les hommes ont banalisé le fait de considérer qu'un animal est vivant. Bien entendu, la plupart des gens diront : « Nous aimons les animaux. » À cette parole, nous pourrions répondre : « Mais alors, si vous aimez les animaux, pourquoi y a-t-il aujourd'hui ce carnage et cette désolation ? Pourquoi participez-vous à cela ? N'y a-t-il pas de voile tendu devant vos yeux ? » ou encore : « Ne vous fabriquez-vous pas vous-mêmes ou ne laissez-vous pas d'autres personnes fabriquer pour vous des raisons de vivre de cette manière, à l'encontre de ce que vous pensez ? Comment se fait-il que vous vous cachiez la réalité des choses à ce point ? »

« Dire que les crimes perpétrés contre les animaux ne viennent pas de nous, dans le but d'alléger le fardeau de nos vies, est un grand piège dans lequel il est facile de tomber. Car au bout du compte, qu'il le veuille ou non, qu'il accepte la loi ou la refuse, l'être humain est responsable de ses actes. Il devra donc payer le fardeau qu'il a inconsciemment accumulé au-dessus de sa tête jusqu'au dernier sous. »

Enfin, la Sagesse amérindienne nous dira, avec une humilité évidente et ancrée dans la réalité réciproquement partagée par tous les êtres vivants :

« À l'intérieur du cercle, l'Homme reconnaît qu'il est sur un pied d'égalité avec les espèces animales, et que tous, humains et animaux, partagent les mêmes contraintes biologiques. C'est pourquoi il doit être humble face aux animaux et démontrer de la générosité et de la réciprocité dans ses relations avec ces mêmes espèces animales. C'est une question d'équilibre et d'harmonie avec les animaux et l'environnement. »

Le Bouddhisme ne peut que confirmer cela, nous rappelant que les animaux sont des êtres vivants qui ressentent le plaisir et la douleur, et qui tiennent à rester en vie tout comme les êtres humains…

D'ailleurs, dans le mot « animal » respire le verbe « animer », qui sous-entend la conscience, la sensibilité et bien sûr le mouvement. L'art du mouvement nous vient du peuple animal et nous en avons hérité les bases, une volonté commune d'épanouissement et de vivre notre corps simplement, en correspondance avec ce que nous sommes.

L'animal, dans son mouvement, est le mouvement et ne fait qu'un avec lui selon son espèce. Mais nous devons aller plus loin, car justement nous sommes un règne supérieur, et l'acte créateur serait entre autres de bouger - et donc de vivre - pour un idéal supérieur aux besoins du corps, qui ne peut qu'embellir, harmoniser, voire sublimer notre volonté d'êtres humains et ainsi regagner une réelle royauté d'êtres humains, en floraison vers quelque chose de plus haut et de plus grand que nous.

Si l'animal entre également en mouvement par peur - ce qui est normal pour lui -, nous, nous devons entrer en mouvement par amour de la vie, de sa beauté, de son mystère.

Si le souffle du vent anime les branches de l'arbre, quel souffle anime notre volonté de vivre ? Est-ce le souffle glacial de la mort que nous répandons partout ou le souffle chaleureux de la vie ?

Dans le mot « animal » se cache aussi le mot *anima* qui signifie « âme » en latin. Vivre avec son âme, en accord avec elle, est le rêve secret de chacun d'entre nous, et le digne peuple des animaux souhaite au plus profond de lui nous prêter main-forte pour justement mettre en mouvement notre âme dans notre vie : comme eux, nous devons la faire s'envoler vers les hauteurs de la Vie, sauter avec elle dans l'inconnu de la Vie avec confiance, courir vers les horizons de notre propre mystère d'exister.

Alors, portons sincèrement nos frères les animaux dans notre cœur, protégeons-les - ainsi que leur espace de vie - pour libérer l'espace du cœur entre nous, et ne soyons plus les complices passifs de leur souffrance. L'être humain doit retrouver sa dignité en reconnaissant et défendant la leur, ainsi que celle de tous les règnes de la nature, de la Terre elle-même, la Mère-Terre.

Ainsi, les enfants seront peu à peu préservés à nouveau de ce monde faux, artificiel, robotique et donc froid qui veut s'imposer à nous, à notre intelligence, à eux, à leur innocence, au petit animal en eux.

C'est beau, un petit veau près de sa mère la vache. C'est beau, un petit enfant dans les bras de sa mère, la femme qui l'a mise au monde, la Femme-Nature...

Que l'Humanité Belle se lève et affirme avec force, telle une vraie Chevalerie, une mère qui protège ses enfants : « Ce que tu fais à l'un de ces petits, c'est à moi que tu le fais ! »

NB : Vous pouvez trouver toutes les citations recueillies dans ce chapitre en faisant des recherches sur Internet avec les mots suivants : véganimal ; végétarisme et religions ; citations de végétariens.

CHAPITRE 2

Le végétarisme, fruit de l'Amour et de la Sagesse

Le Végétarisme, fruit de l'Amour et de la Sagesse

Vivre et survivre sont deux attitudes intérieures, deux positions face à la vie qui déterminent la relation que nous pouvons avoir avec l'environnement, la nature, les animaux, le végétal, le minéral et aussi avec notre voisin, l'étranger, etc. Il y a autant de différence qu'entre l'orgueil et l'humilité, prendre et donner. C'est donc sous cet angle nouveau que nous pouvons regarder la question du végétarisme et celle de manger la chair d'un animal.

La Tradition essénienne propose un point de vue non dogmatique et non sectaire, mais plutôt en harmonie avec la réalité du vivant, la condition humaine et sa complexité. Aussi, je partage avec toi une réflexion réaliste et libre qui s'est éclairée à la lumière impersonnelle des enseignements que sont venus apporter les grands Sages de ma Tradition pour le bien de tous les êtres et une vie belle et grande sur la Terre comme au Ciel. Je n'ai pas la prétention de tout avoir approfondi mais te divulgue une compréhension personnelle, forte de mon expérience et de mes analyses.

Je me dois de commencer par affirmer la dignité de l'homme, la joie d'avoir un corps et qu'il faut l'entretenir d'une manière externe certes, mais surtout intérieure, car il est un outil pour tous les domaines, même pour un savant. Pour beaucoup, il est trop « animal », et empêche la réalisation de nos souhaits quand il nous rappelle à l'ordre. Mais d'une façon générale, il est sous-estimé, mésestimé, presque un inconnu alors qu'il est omniprésent dans la vie de chacun et c'est la beauté du règne animal en nous, avec nous. Tes sens mêmes sont un bonheur et si tu regardes l'objet de ton amour, le corps, lui, est bien souvent oublié alors que ce sont ses yeux que l'on utilise. Prendre soin du corps et donc de notre vie sur la Terre, c'est porter une attention sur ce que représente le corps. Nous avons un corps d'être humain, mais qui répond et est soumis aux mêmes lois que le règne animal. C'est une évidence claire et l'accepter pleinement, c'est se poser en admiration devant le règne animal. Et d'ailleurs, notre corps détermine une grande partie de notre vie, de son orientation. C'est pourquoi la question de manger les animaux - ou pas - devient également une question existentielle, car touchant à l'intimité même du corps, d'une partie de nous avec laquelle nous faisons toute chose. Le corps participe même à la méditation, à la prière... Cela nous met dans un choix qui n'est pas forcément en accord avec notre personnalité et surtout l'éducation que nous donne la société moderne. Or, seule l'incarnation vraie te rendra fort tel un arbre bien enraciné.

Manger l'animal est un signe de survie car tu prends la vie d'un autre et fais couler le sang. C'est un acte d'orgueil et aujourd'hui cet acte sort même de son contexte de survie et prend des proportions monstrueuses.

Manger le végétal ou certains sous-produits animaux est un signe de vie, car tu reçois ce que l'autre a fait pour toi dans son intelligence et la limite de son corps. C'est un acte d'humilité qui t'enseigne que la vie est solidarité entre tous les êtres et qu'aucun règne n'est supérieur à un autre, si ce n'est dans la floraison de la Vie. Recevoir la vie est une attitude noble que la méditation et la prière ennoblissent, telle une nutrition plus haute pour d'autres parties de nous-mêmes.

Le végétarisme véritable ne condamne pas le fait de manger de la viande, mais l'attitude qui l'accompagne. C'est pourquoi, dans un point de vue plus élevé, le végétarien s'efforce d'être en accord avec son acte en vérifiant la nature de ses pensées, et aussi de ses désirs, de ses sentiments, car il est juste de constater que le végétal est en nous, ainsi que l'animal, dans chaque plan de notre être. Et il est juste que les pensées et les sentiments soient considérés comme appartenant à l'un ou l'autre des deux comportements alimentaires.

Olivier Manitara, qui représente le peuple essénien aujourd'hui, illustre cette approche dans un de ses délicieux livres sur Jésus[1], comment elle respirait dans l'enseignement de celui-ci : « Le Maître (Jésus) disait que si un homme mangeait de la viande et buvait de l'alcool, il ne pouvait pas recevoir sa parole. Cette discipline était à la fois pour le côté extérieur de la vie, mais aussi pour le côté intérieur. Le Maître enseignait que le végétarisme physique devait se coupler avec le végétarisme psychique, une attitude de vie intérieure empreinte d'une moralité vivante, d'un pacifisme actif, d'une volonté tenace et sereine, d'une clarté et ouverture d'esprit... »

Ainsi, se rapprocher du règne végétal pour nourrir son corps peut être le commencement d'une hygiène globale de l'être humain qui découle d'une vision écologique - globale elle aussi - de la nature et de la vie.

Les bienfaits du végétarisme sont reconnus et s'inscrivent dans une démarche vivante de la vie. Manger de la viande, c'est manger la mort et l'introduire en soi. C'est se faire un corps de mort, alors que manger des fruits par exemple, c'est manger la vie et, par extension, se faire un corps de vie. Ne dit-

---

1 - Extrait du livre *L'enseignement de Jésus l'Essénien* aux Éditions Ultima / Cœur de Phénix.

on pas : « On devient ce que l'on mange... ? » Cette affirmation est valable dans tous les choix de notre vie, car qui dit choix dit nutrition. Mettre en soi, dans son quotidien un élément... : soit tu te lies avec ce qui se décompose et dans ce cas tu choisiras même à ton insu une musique, par exemple, qui sera de cet ordre-là, elle décomposera quelque chose en toi ; soit tu te lies avec ce qui construit, et dans ce cas tu choisiras avec conscience une musique qui te construit et favorise vraiment ton épanouissement vers la beauté, la grandeur, un haut idéal. Tu peux transposer cela pour toutes tes activités et voir celles qui sont « végétariennes » et qui te font vivre, et celles qui sont « carnivores » et te mangent ou t'abrutissent.

Olivier Manitara l'explique ainsi : « Nous sommes entourés d'influences maléfiques et bénéfiques et c'est à nous de choisir avec lesquelles nous voulons être liés. Il ne faut pas laisser les autres et les anciennes habitudes décider à notre place de la vie que nous voulons vivre. Le carnivorisme a toujours été un signe des forces négatives et d'une profonde dégénérescence de l'humanité. En ingérant de la viande, l'homme se nourrit dans le royaume de la mort[1]. »

Il existe donc un royaume de la vie dans lequel il faut nous nourrir. Or la vie est un mystère tellement

---

1 - Extrait du livre *Dialogues avec Mère-Terre* aux Éditions Ultima.

grand et une réalité qui nous échappe, que nous ne percevons que très peu dans le quotidien. C'est un acte sacré que de cheminer vers la vie, toujours plus de vie. La nature nous le montre à travers la multiplicité de ses manifestations, et pourtant elle est une. La vie est une. Il n'y a pas la vie des mains et des pieds, d'un bras ou d'une jambe, il y a la vie du corps, la vie de l'ensemble, un ensemble de plus en plus grand et vaste, de plus en plus vivant.

Le végétarisme est un acte d'amour devant la sagesse éblouissante de la nature, une Mère qui est harmonie et abondance - la mort étant un aspect qui rentre dans l'économie du vivant. Il n'y a pas destruction mais évolution, rythme. Alors l'humilité te fait accepter ce qui est plus grand que toi, et que tu ne comprends pas. Comprends-tu un arbre ? Un pommier te donne une pomme, tu la croques et tu es content. L'eau de la pomme, parle à l'eau de ta bouche et il y a échange, relation, reconnaissance et tu en ressens le goût, le goût de la vie, le goût de vivre. L'eau est un médiateur merveilleux de l'amour et tu peux communier avec le fruit. Tu t'inclines devant l'Intelligence de l'arbre, de la plante ou de l'animal qui te donne du lait ou des œufs. C'est un mystère et tu grandis dans ce mystère par la reconnaissance et l'humilité. Rien n'est artificiel dans la nature, tout te parle et t'enseigne à aller plus haut dans ta quête d'être humain.

« En devenant végétarien, tu guériras d'un grand nombre de maladies chroniques et en éviteras beaucoup d'autres. Tu seras en accord avec l'enseignement sacré et la loi universelle de l'amour et de la pureté. Tu te sentiras plus calme, plus maître de tes pensées, sentiments et désirs.

Ta vie s'intensifiera, tu seras moins fatigué et beaucoup plus résistant dans l'effort.

Ton système nerveux se renforcera et tu deviendras plus réceptif aux impressions du monde invisible.

Ta vie intérieure s'éclaircira et tu ressentiras une dignité et un accord avec ta conscience profonde.

Au niveau du service mondial de la paix, tu sentiras que tu accomplis un travail pour la pacification des consciences d'une façon naturelle et permanente[1]... »

Je ne peux que confirmer ces paroles claires d'Olivier Manitara. Moi-même, je le vois bien tous les jours pour moi. J'ajouterais le sens de la beauté qui s'affine, et d'ailleurs, les couleurs d'un rayon fruits et légumes dans un magasin te mettent en émerveillement, et te parlent de splendeur comme l'arc-en-ciel. Ce dernier sous-entend une source unique des couleurs que nous retrouvons dans les légumes et les fruits : le Soleil !

Le végétarisme, c'est être avec le soleil et se nourrir de lui à travers la beauté et la nourriture que nous

1 - Extrait du livre *La paix* aux Éditions Télesma.

offre la Nature. Il est comme un père, et les animaux et les plantes, comme nos frères et sœurs. Cette simplicité te grandit et rend plus subtile ta perception de la vie. Alors, progressivement, cela te rend plus accessible l'aspect vivant de cette relation, c'est-à-dire l'âme, le rapport profond avec les êtres, la compréhension de leur intimité et le sens moral qui te pose des limites à ne pas dépasser, la juste distance même dans ta pensée. Transformer son regard sur les êtres est une véritable transformation de soi, c'est se retrouver tel que l'on est, ni plus ni moins. L'arbre est simple et se pose devant toi comme un mystère à découvrir, il en est de même pour l'animal, la fleur et les éléments, la pierre, etc. La contemplation de l'œuvre t'amène aux mystères de son Créateur, de son Intelligence, de sa Sagesse, de son Amour et aussi à une grande responsabilité.

Le Maître spirituel Omraam Mikhaël Aïvanhov, grand philosophe et pédagogue essénien, a clairement fait ressortir cet aspect relationnel avec le soleil, concernant la nourriture que nous mangeons. Il nous dit pour le bien de tous :

« La différence entre la nourriture carnée et la nourriture végétarienne réside dans la quantité de rayons solaires qu'elles contiennent. Les fruits et les légumes sont tellement imprégnés de lumière solaire qu'on peut dire qu'ils sont une condensation de lumière. Quand on mange un fruit ou un légume on absorbe donc de la lumière solaire qui ne laisse pas de déchets en nous. Tandis que la viande est plutôt pauvre en lumière solaire, c'est pourquoi elle se putréfie rapidement ; or tout ce qui se putréfie rapidement est nocif pour la santé. »

« Il faut aussi que vous sachiez que lorsqu'on conduit les animaux à l'abattoir, ils devinent le danger, ils sentent ce qui les attend, et ils ont peur. Cette peur provoque un dérèglement dans le fonctionnement de leurs glandes qui sécrètent alors un poison. Rien ne peut éliminer ce poison qui s'accumule dans l'organisme de celui qui mange de la viande, et sa présence n'est évidemment pas favorable à la santé de l'homme, ni à la longueur de sa vie. » (Extrait du livre *Hrani yoga, le sens alchimique et magique de la nutrition* aux Éditions Prosveta.)

Cette dernière approche, qui relève de la psychosomatique, nous révèle le lien étroit dans le fonctionnement de notre organisme et celui de l'animal sur un plan psychique. Elle renforce le côté moral qui entoure le végétarisme, qui est préconisé par tous les grands Sages. L'être humain n'y pense guère, mais l'animal est vivant, avec un côté émotionnel très fort, contre lequel, par ailleurs, nous luttons dans notre société intellectualisée à outrance. C'est pourtant le règne animal qui nous l'apporte et sa maîtrise demande un rapport vrai avec la vie, avec les animaux.

Nous ressentons beaucoup de stress, car nous refusons l'animal en nous et sa part de sensibilité qui justement nous rapproche de lui. Ce fléau des temps modernes, comme nous l'appelons, est un véritable poison dans notre vie, car nous avons peur de vivre vraiment, de nous exprimer sincèrement... Le végétarisme te pose sur la terre et t'invite naturellement à prendre le temps de vivre, à « mâcher la vie » dans une réelle sérénité. Les herbivores sont un exemple idéal de ce calme et, il faut le dire, développent une puissance, une force et une endurance extraordinaires.

Dans cette perspective de santé physique, émotionnelle, mentale, dans une éthique écologique globale, les mots d'Albert Einstein (1879-1955), scientifique mais aussi philosophe, posent une base saine pour l'avenir commun de toutes les espèces, y compris l'espèce humaine : « Rien ne peut être plus bénéfique à la santé humaine et augmenter autant les chances de survie des espèces sur la Terre que l'évolution vers un régime végétarien. »

Cette citation du grand scientifique que nous connaissons est incroyable et montre bien son ouverture. Albert Einstein avait fait une rencontre, la plus belle qu'un être humain puisse faire sur la terre. Il avait croisé un grand Maître essénien, Peter Deunov, qui a beaucoup fait pour le végétarisme, les animaux, la terre entière et l'ennoblissement de l'homme et de la femme. Il déclara un jour lors d'une interview à la radio suisse : « Le monde entier me rend hommage, moi je rends hommage au Maître Peter Deunov de Bulgarie. »

Parler de végétarisme paraît encore aujourd'hui être un comportement marginal qui sort des sentiers battus, non conforme aux mœurs actuelles qui, si on regarde bien, vont dans un sens bien précis, celui de dégrader et d'affaiblir l'être humain en lui faisant croire que le fait de s'affranchir des lois de la vie est la manifestation d'une vraie liberté. Par exemple, il y a une grande beauté à manger végétarien : beauté morale, beauté esthétique, beauté de l'humanité. Alors oui, le végétarisme authentique et global est un gage d'évolution de l'homme pour la maîtrise de sa vie. C'est un gage de grande maturité que de faire ce choix et un acte de courage souvent. Personne ne se pose de questions concernant le fait de manger les animaux, d'une manière générale. Bien sûr, par la suite, il ne faut pas tomber dans une sorte d'extrémisme. Il n'y a pas que le végétarisme qui va changer le monde, mais il peut y contribuer fortement car il est lié à la question de l'éthique, de la vie, de la nature et surtout de l'influence de telle ou telle alimentation qui incline l'être humain à aller dans un sens ou un autre.

Ce dernier a voulu aller jusqu'au bout de son expérience de carnivore en donnant à des vaches de la farine animale. Le scandale de la vache folle illustre à quel point l'être humain a dégringolé en voulant pervertir les herbivores, déranger volontairement l'ordre des choses. Il ne sait plus ce qu'il fait et on peut parler ouvertement de possession. Oui, l'homme est possédé par une intelligence sombre, cela devient une évidence. Et d'ailleurs, en 1923, un autre Maître essénien, le grand philosophe, écrivain et pédagogue autrichien Rudolf Steiner (1861-1925) avait prédit cette bêtise humaine : « Si le bœuf mangeait directement de la viande, il en résulterait une sécrétion d'urate en énorme quantité, l'urate irait au cerveau et le bœuf deviendrait fou. »

C'est pourquoi, le végétarisme fut prôné tant pour la santé physique que pour la santé psychique et spirituelle - ces trois plans étant interdépendants...

Le Mahabharata, grand livre sacré de l'Inde, qui relate entre autres la vie de Krishna, cet être magnifique, solaire, Essénien initié aux mystères égyptiens de la vie, est très clair et précis en ce qui concerne les avantages du végétarisme. Il le conseille vivement de par son impact positif, répondant assurément aux attentes naturelles de quiconque cherche le bien-être et l'épanouissement harmonieux de la personnalité et de l'âme :

« Ceux qui désirent posséder une beauté exquise, une longue vie, une santé parfaite, une bonne mémoire et une grande force physique, morale et spirituelle doivent s'abstenir complètement de toute chair animale… Qui peut être plus cruel et plus égoïste que celui qui veut nourrir sa chair de celle d'innocents animaux ? »

Enfin, Al-Ghazzali (1050-1111), l'un des plus grands philosophes musulmans, nous apporte sa lucidité et son cœur :

« Se nourrir de la chair de la vache apporte la maladie, mais son lait apporte la santé. Une habitude alimentaire motivée par la compassion procure une vie paisible. »

La paix, l'harmonie, l'intelligence, la sérénité et toutes les vertus qui peuvent embellir notre vie seront grandement favorisées par le végétarisme, qui cependant ne pourra être qu'un tremplin vers ces mêmes réalités subtiles que nous cherchons et qui appartiennent certainement à un autre monde. Leur présence et leurs actions répondant à une attitude vraie, digne et sage sont comme un ciel étoilé, une perspective grande et noble qui découle d'une certaine approche de la vie, d'un jaillissement de vie.

À travers les végétaux, nous recevons des éléments qui justement nourrissent ce jaillissement de force, cet élan primordial qui fait grandir notre corps et nous montre un chemin, une direction à travers sa verticalité. Les végétaux ont le goût de l'authenticité, un goût qui leur est propre, qui nous parle de la terre et du soleil, comme des intermédiaires entre deux mondes. Les végétaux s'offrent à nous pour que nous en ayons une verticalité végétale supérieure. Chaque jour nous nous redressons de la position horizontale, la base animale qui jubile de l'opportunité qui lui est offerte, à travers nous, de rencontrer un autre horizon quand on fait l'effort d'aller vers la floraison de l'âme et de l'esprit. Ainsi, l'arbre et la fleur ou la plante sont « prêtre » et « vestale » pour nous guider.

Effectivement, un arbre te montre la stabilité dans les épreuves, les intempéries de la vie, le chemin de l'épanouissement véritable qui ne peut se faire que vers le haut, les hauteurs, l'immensité, pour une plus grande liberté d'être, une respiration qui crée l'ambiance, une vie intérieure intense et secrète, intime, pour rester debout et donner des fruits. C'est un mystère car nous sommes là aussi devant un être vivant et intelligent alors que la fleur, délicate, exalte sa vie intérieure en s'ouvrant, en donnant les trésors de son âme et embaumant d'une vie nouvelle l'espace autour d'elle. C'est une magie, une danse invisible, un chant silencieux à la lumière du monde, au soleil.

Ainsi, le végétal nous donne son fruit, son légume, empli des quatre éléments de la vie que sont la terre, l'eau, l'air et le feu. Il nous raconte aussi la ronde des saisons et ses mystères cachés, il nous parle par sa saveur, ses couleurs et ses parfums d'un monde supérieur, sans doute celui des vertus, celles de la Vie, vivante…

Pour la Sagesse essénienne, tout a un sens et est digne de méditation, d'attention aimante, de curiosité saine, de respect…

Par exemple, nous voyons les herbivores manger de l'herbe, des ronces, des fruits sur l'arbre… Mais quel enseignement à travers ce « fait divers » que nul n'apprécie à sa juste valeur ? Pourtant, cette séquence de la vie nous parle de la maternité et surtout de l'allaitement. Considérons bien la Terre comme une mère, une réalité de chaque instant que nous ignorons ou dédaignons. Les herbivores vont directement à la source, ils savent qu'ils ont besoin de se nourrir du vivant. C'est la vie que les animaux cherchent, la vie qui vient du sol, la mère qui nous porte, la vie qui vient de l'espace dans lequel nous nous mouvons, empli de la magie solaire. C'est comme aller chercher le sein de la Mère à travers lequel jaillit la vie. Le petit bébé va directement trouver la source de la vie, le sein de sa maman, de la Mère. C'est aussi un mystère, grand et qui nous montre l'attitude humble d'une créature. Le plus important, c'est de se nourrir. Oui, mais de quoi ? De quoi nourris-tu ta vie ? Et si les carnivores mangent de la viande, malgré tout ils cherchent la vie. Rares sont ceux qui mangent des cadavres, et surtout enveloppés d'illusion pour cacher la vérité.

Que fait l'homme ? Pourquoi accepte-t-il de se nourrir d'artifice, de faux ? Fausses philosophies, faux rêves, fausses relations, fausse alimentation, fausse destinée, illusion de destinée. Quelles sortes de bestioles a-t-il dans ses pensées comme amies pour chercher son plaisir dans des déchets et immondices ? Une grande partie de l'art contemporain le prouve, et les gens se nourrissent de ce qui est difforme, cacophonique, laid, etc.

Voilà que le végétarisme nous mène même vers le côté artistique, de la beauté. La beauté, c'est vraiment le côté féminin de la vie, qui nous met en accord avec nous-mêmes véritablement. Or, la femme est beauté. La femme est maternité. La femme est formation de la vie puis protection de la vie. Toute la nature est présente, une grande mère, une mère en toutes les mères. Une grande femme, une femme en toute les femmes... l'intelligence féminine, pure, universelle, sacrée.

« La femme et la terre sont une », nous dit la Sagesse essénienne à travers Olivier Manitara, qui ajoute : « En vérité ce que l'on fait à la Terre, on le fait aux femmes. Si on respectait réellement la Terre de par l'ouverture de la conscience et de la sensibilité adéquate, alors l'intelligence féminine serait respectée. La relation à la Terre est la véritable clé et tout le reste suivra. » (Extrait de *Dieu la Mère* aux Éditions Ultima.)

Respecter la Terre, ce n'est pas une écologie morte, mais une écologie vivante qui considère tous les règnes de la nature comme la manifestation d'une réalité unique qui est profusion de vie, jaillissement de créativité, harmonie et splendeur, conscience et intelligence - chaque créature étant une partie de la Terre, créature vivante elle aussi, dans la logique de la vie qui engendre la vie. Et maltraiter les animaux, c'est irrémédiablement maltraiter cette vie, c'est lui faire offense. Offense à la vie en nous, étant un des règnes de la nature, offense à la vie en toute vie, en toute créature. Offense à la maternité universelle, qui prend soin de tous les êtres, qui est l'âme des femmes, de toutes les mères. La maternité pleinement épanouie englobe tous les êtres, l'humanité, les animaux, les végétaux, les minéraux. C'est un regard solaire...

Refuser de manger de la viande, et toute maltraitance animale, c'est non seulement se mettre dans le grand respect qui honore et bénit, mais c'est surtout se mettre dans la grande intelligence qui ennoblit et illumine. C'est une maîtrise qui fortifie, car elle passe par la reconnaissance d'un plus grand que soi, que suppose le mystère de toute existence. Et si l'animal a son horizon horizontal, nous, les êtres humains, nous devons aller vers notre horizon vertical, marcher sur ce chemin à la rencontre de l'autre, plus grand que soi, plus intelligent, plus pur, plus vivant. Manger l'animal, c'est vouloir inconsciemment rester à l'horizontale, placer notre conscience et notre attention sur le ventre, le sexe, qui sont au même niveau chez lui, puisqu'il marche à quatre pattes. Or, nous devons rester debout, droits et tendre les mains vers le haut, puisque nous pouvons le faire, pour attraper une autre branche de l'Arbre de la Vie, une main qui nous est tendue. Un règne supérieur ? Et pourquoi pas trois ou quatre ? Car si les fleurs sont belles, si les fruits sont savoureux, si les arbres sont majestueux, si les animaux sont emplis de grâce, de facultés diverses et de dignité, si des pierres sont précieuses, et si notre corps est harmonieux, notre langage élaboré, notre pensée développée, et surtout si nous avons des parents pour nous mettre au monde, alors quels sont les règnes évidemment supérieurs qui, de près ou de loin, ont mis au monde notre monde, notre environnement, ses mystères ?

Dans la logique de la vie, posons-nous sur l'animal et tendons les mains vers le haut, vers ceux qui peuvent nous éclairer. Que les pierres nous donnent leur stabilité, les végétaux leur volonté, les animaux leur sensibilité pour que nous puissions les rencontrer...

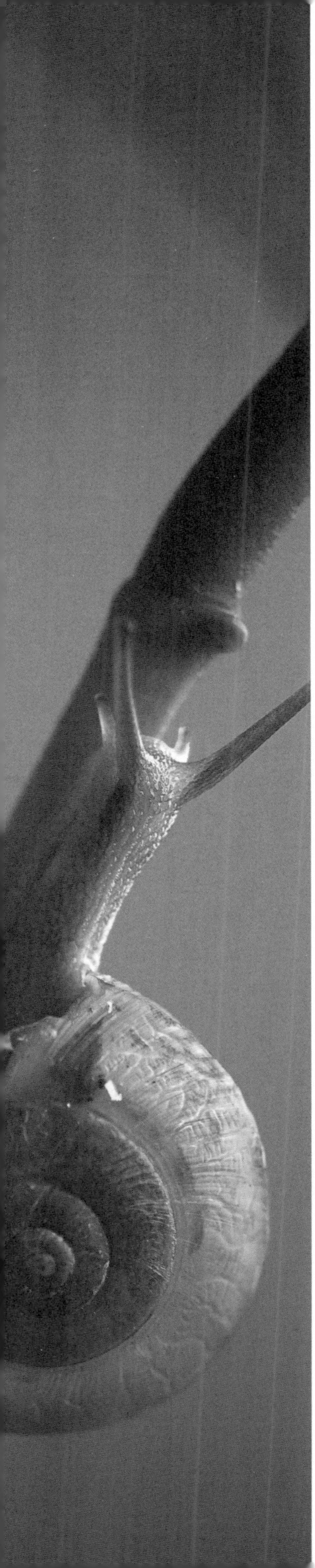

CHAPITRE 3

Les grands Maîtres esséniens..., les meilleurs amis des animaux

AMIS DES ANIMAUX

Les grands Maîtres esséniens

L« La sagesse habite le monde des hommes. Mais l'homme ne le voit pas, parce qu'il se nourrit d'un monde qui n'est pas celui du Père. La nature vivante, avec tous les éléments qui la constituent, est la sagesse du Père dans le monde des hommes. Elle est le livre et l'écriture qui révèlent la véritable sagesse, ouvrant la porte et le chemin vers un monde, une conscience, une vie supérieurs. »

Olivier Manitara

Une pensée qui semble venue du fond des âges, qui semble avoir survécu jusqu'à aujourd'hui, bravant les épreuves, surmontant les obstacles, traversant l'histoire pour se faire entendre encore. Lumière d'une conscience supérieure, au-delà de toute croyance et culture, transcendant la science et la philosophie, elle rayonne sans s'imposer, clarté d'une réalité évidente autour de nous. Cette pensée, ambassadrice de la vie, d'une écologie globale et vivante, est vraiment la bienvenue. À l'heure où tous les règnes de la nature sont exploités et non considérés, non respectés dans leur être, elle vient comme une respiration consciente à retrouver, un souffle de vie à renouveler, une nouvelle façon de regarder le monde, de le penser, de le sentir, d'être avec pour un mieux-vivre authentique, en accord avec la beauté d'être que nous montrent la nature tout entière et surtout les animaux - plus proches de nous.

Cet homme qui a ainsi parlé, je l'ai rencontré, cherchant à le connaître et le comprendre. Un mystère entoure ses paroles, tant elles sont grandes mais simples à la fois, déconcertantes d'évidence. Peut-être plus grandes que lui-même, dans la logique d'une sagesse emplie d'une éternité d'être. C'est une tradition qui m'interpelle, qui interpelle la vie en moi, qui s'engage dans la vie, vivante d'une vie supérieure puisqu'elle la transmet en beauté, en musique, en art de vivre.

Oui, cet homme, je lui ai parlé, il m'a accueilli dans son œuvre, partageant les merveilleux cadeaux d'un chemin de noblesse, d'un engagement pour ce que je crois être vrai, bon, utile.

Aujourd'hui se pose pour l'humanité la question d'un choix de vie qui déterminera un futur, et une Sagesse qui vient dans le monde est un espoir, une branche qu'il va falloir attraper dans un sursaut de survie peut-être, tant le désordre est présent sur la terre, tant l'inconscience, la peur et la méchanceté gagnent du terrain, comme une ombre qui obscurcit la conscience et conditionne les comportements. Et face à cette ombre, un homme, une Tradition, des amis maintenant, relèvent le défi d'y opposer une lumière qui dans l'histoire a toujours rayonné et voulu éclairer l'humanité. Elle a été très souvent combattue et rejetée.

Mais un nouveau regard est nécessaire surtout - de nouveaux idéaux, nobles, dignes - pour redorer le blason du règne humain. Et s'il y a toujours eu des sages, de grands philosophes, des artistes, il y a toujours eu un flambeau, une lumière, un savoir qui se sont transmis de siècle en siècle. C'est l'œuvre d'une Tradition qui prend soin de la vie, qui veut partager son amour pour elle et qui va jusqu'au bout de son élan, la Source de la Vie. Sinon, comment protéger la terre, les enfants, les animaux... ?

Cette Tradition est une tradition de grands Sages, de grands Maîtres spirituels ou Grands Initiés qui, dans tous les peuples et régions du monde, ont ensemencé l'humanité, sa vie de perles précieuses, de trésors de sagesse, de perspectives et d'horizons libres d'illusions et de mensonges. On l'appelle la Tradition des Maîtres esséniens, qui sont en fait ceux et celles qui sont à l'origine de toutes les civilisations, religions et cultures. Ils ont leur place dans l'histoire, notre histoire. Leur héritage surpasse toute connaissance morte et vide de sens. Il est une floraison perpétuelle tel nous le montrent le printemps, la beauté qui se renouvelle sans cesse - car étant un principe plus haut et qui appartient à la Source de toute beauté.

Il faut le dire et oser l'écrire, car nous ne pourrons pas faire grand-chose si nous restons en dehors de la sagesse, en dehors de toute authenticité. Nous ne pourrons mettre au monde que notre désordre intérieur, notre insatisfaction, notre déséquilibre et notre manque de repères. Or, la pensée citée plus haut nous invite à nous tourner vers la nature, qui possède la sagesse de la vie, les clefs de l'épanouissement de la vie pour un parcours sur la Terre dans la dignité, la grandeur d'âme, la grandeur d'avoir une âme. Il est évident que la nature a une âme, une vie intérieure, une intimité profonde, que nous pouvons ressentir à travers tous les règnes qui la constituent et les saisons. Tout a une âme, pour que la beauté et l'harmonie se propagent, pour qu'une ambiance se crée sans cesse, tel un mouvement de vie, un mouvement d'être, sacré. Ne disions-nous pas dans l'Antiquité que la femme est l'âme de la société ? Donc la vie de la société, son ambiance, magique comme celle d'un paysage, d'un parterre de fleurs, d'un grand champ ou d'une forêt. Je le crois sincèrement. Encore fallait-il que ce lien sacré et magique avec la nature ait été conscient et protégé. Comme elle, les femmes sont mères et formatrices de vie, et c'est beau de le voir dans le règne animal. C'est un élément déterminant entre nous et les animaux. De la gestation à la maternité, il y a une floraison d'amour et de tendresse bouleversante, comme si la mère d'un enfant avait pour mission de manifester à un degré supérieur les qualités et l'attitude de la nature, de la Mère-Nature. Si cet aspect est présent chez toute femelle, les mères doivent le vivre d'une manière consciente - plénitude d'un mystère divin, la divinité de la maternité.

N'ayons par peur de nous tourner vers le sacré, de le cultiver, mais sur des bases saines, solides, stables, fortes d'un enracinement qui plonge dans ce qui est justement plus grand que nous et qui génère le sentiment du sacré en toute chose. C'est une loyauté envers la vie que nous avons reçue et une trahison ne peut que nous peser de génération en génération. Nous la voyons aujourd'hui, nous la vivons... au quotidien et continuons de la perpétuer d'une manière ou d'une autre. La parole des grands Sages est pervertie, pour une profanation de plus en plus grande de la vie, jusque dans l'intimité de la vie.

Il n'y a qu'à regarder ce que l'homme fait aux animaux, comment ils sont traités. Pour en arriver là, il fallait bien retirer de notre regard l'évidence que l'animal a une âme. Mais si l'homme peut commettre autant d'injustices, c'est soit qu'il a vendu la sienne ou qu'il l'a perdue, se l'est fait voler. Dans tous les cas, il commet toutes ces atrocités sans états d'âme, donc sans âme. Même les textes sacrés de l'humanité sont privés d'âme, de vie aujourd'hui.

Alors, il y a une flamme allumée au milieu de nous, à notre époque. Une âme vivante, une Tradition d'amour pour le bien de tous les êtres. Dans le mot « amour », il y a le mot « âme »..., dans les mots « flamme » et « femme » également. C'est avec ce regard d'amour que nous allons comprendre pourquoi les grands Maîtres esséniens sont les meilleurs amis des animaux..., les meilleurs amis de l'humanité...

CHAPITRE 4

Regardons l'animal dans les yeux..., c'est une âme !

C'EST UNE ÂME !

Regardons l'animal dans les yeux...

Le point de vue essénien est attaché tant à l'aspect visible qu'à l'aspect invisible du problème qui lui est soumis, le second aspect étant le plus important.

Considérant que tout être vivant est précieux et qu'aucun être ne doit être rabaissé, humilié dans sa dignité et son intimité, la notion de respect va bien au-delà d'une absence d'actions négatives à son encontre et cette même notion, traversant le voile trop souvent intellectuel, trouve un chemin plus clair et un fleurissement dans les lois de la vie et un point de vue plus élevé. Aussi, sans barrières, nous adjoignons aux règnes inférieurs la réalité et l'évidence des règnes supérieurs à l'homme, et qui n'est en aucune façon une croyance morte ou stérile, mais un regard objectif, concret, voire tangible, à notre intelligence - comme nous le montrent les Sages esséniens. Ces derniers, initiés aux mystères sacrés de la vie véritable, vaste, grande, sublime, nous ont toujours rapporté, d'une manière ou d'une autre, les profonds mystères cachés derrière notre existence et la raison d'être de tout ce que nous voyons, percevons ainsi que ceux de notre propre fonctionnement, et celui de la nature et de l'univers.

À partir de certaines réponses données par le représentant actuel de la Tradition essénienne, Olivier Manitara, avec lequel nous avons maintes fois fait connaissance au cours des pages précédentes, nous allons entrer ensemble plus avant dans notre réflexion, sachant que cette dernière reste soumise à la liberté de chacun de l'accepter ou pas.

Ainsi, à propos des sacrifices d'animaux par exemple, le positionnement n'est pas motivé uniquement sur la base d'une sensibilité humaine, mais sur une sagesse qui vient d'un monde supérieur à l'homme et dont la présence ne peut être démentie que par un rétrécissement de la conscience, un aveuglement, une ignorance.

« Les animaux veulent bien mourir et donner leur vie et même souffrir pour les hommes si les hommes les conduisent vers un monde supérieur. Tant qu'il y a une religion, même si cette religion n'est pas bonne, c'est toujours mieux que s'il n'y avait pas de religion. »

« Tous les religieux qui sacrifient des animaux, même si ça paraît ignoble, cela ne sera pas compté, parce qu'au moins, il y avait cette idée d'un monde spirituel, d'une religion, d'un sacrifice et d'une alliance. Même si c'est n'importe quoi, même si ce ne sont pas des Dieux de la Lumière, ce n'est pas grave. Les animaux, ce qu'ils ne veulent pas, c'est être sacrifiés comme des êtres regardés comme des objets, comme des sans-âmes, comme des êtres sans valeur, comme des êtres exploités. » (Conférence du 16 janvier 2011.)

On ne peut rester indifférent devant un tel positionnement qui, de toute évidence, montre bien à quel point les Esséniens tiennent à donner à tous les êtres la liberté de choix. Les animaux peuvent-ils faire des choix ? Bien sûr que oui. La notion de démocratie peut et doit s'élargir pour que la vie sur la terre soit équitable. Pourquoi l'homme aurait-il, seul, le monopole des décisions pour faire ce qu'il veut ?

Des peuples ont toujours su dialoguer avec les animaux et les autres règnes de la nature, les Amérindiens par exemple. Ils se mettaient constamment en harmonie avec la Mère-Terre et ils avaient l'autorisation de prendre la vie des bisons, car leur démarche était emplie de respect et de sacré. Il n'y avait pas de gaspillage, et la gratitude et l'humilité accompagnaient leur vie. Pour eux, tout était vivant et digne d'attention, tout autant que leur existence propre. Pour les Esséniens il en de même avec, en plus, la conscience permanente des règnes supérieurs que l'on appelle : Anges, Archanges et Dieux. Beaucoup vont nier cela, passant à côté d'une compréhension plus fine, plus subtile, plus vraie de la vie. En effet, comment imaginer une seule seconde que l'homme soit la dernière parole de la Création ? Ces règnes supérieurs sont des intermédiaires entre la Source de toute vie et nous - les Maître esséniens faisant le lien conscient, car étant le sommet de l'humanité, en amour, en sagesse, en noblesse, en intelligence. Leur vie le prouve, ainsi que leurs paroles et leurs œuvres. Nous pouvons penser à Bouddha, Mahomet, Moïse, Orphée, Pythagore, Lao Tseu, Zoroastre, Marie-Madeleine, Jésus, pour en citer quelques-uns, sans oublier ceux qui sont venus pour notre époque.

Il nous fallait passer par cette brève présentation d'une notion totalement ignorée par le monde, occultée par les religions qui en parlent d'une manière abstraite et fausse. Je l'écris non pas pour dresser des barrières par une quelconque supériorité du peuple essénien, mais pour poser les bases d'une vraie compréhension des règnes de la nature - celui des animaux en particulier. Vis-à-vis de ce dernier, la Sagesse essénienne souhaite apporter un éclairage qui nous fait rentrer dans le domaine de la vie invisible.

Nous vivons tous et toutes avec ce qui est invisible mais malgré tout concret, et réalisons nos projets et notre vie entière à partir de ce même invisible. Nos pensées et sentiments qui déterminent nos actes ne nous sont pas visuellement perceptibles, mais leur présence et leur influence le sont, et parfois puissamment. Ils forment notre sphère psychique qui, nous allons le voir, est subordonnée à nos choix, à notre idéal de vie, à notre attitude face à la vie.

Considérons le tableau suivant :

Règne minéral	Corps physique
Règne végétal	Volonté
Règne animal	Sentiment
Règne humain	Pensée
Règne angélique	Destinée
Règne archangélique	Âme
Règne divin	Esprit

À cette classification nous pouvons aisément adjoindre le règne des Maîtres (auquel correspond la notion de Conscience) ou des vrais Êtres Humains, car soyons clairs, nous sommes plus proches du règne animal dans nos préoccupations, comportements et choix de vie que du règne humain qui, nous le voyons dans ce tableau, est placé comme un intermédiaire entre « l'inférieur » et le « supérieur ». La place de l'homme devrait être celle d'une colonne, d'un pilier, les pieds touchant la Terre (la Mère) et la tête touchant le Ciel (le Père). Un rôle qu'il refuse, ce qui est la cause de tout un déséquilibre en lui et autour de lui.

Olivier Manitara fait une comparaison formidable entre « l'alliance minéral-végétal » et « l'alliance animal - être humain » pour nous montrer que dans la nature, tout a une prédestination dans une coopération évolutive, une unité évolutive, dans un soutien mutuel qui échappent à notre entendement. C'est la haute sagesse d'un plan de vie auquel nous participons consciemment - ou pas -, et qui a ses lois, ses tenants et ses aboutissants et auxquels, visiblement, nous voulons nous soustraire...

« En ce qui concerne la relation entre la plante et la terre, il existe une perfection. Mais, en ce qui concerne celle qui vit entre l'animal et l'homme, cela est différent. Il n'y a plus de lien véritable, d'enracinement. En observant le rapport qui vit entre ces deux règnes, on pourrait croire que dans beaucoup de domaines et situations de l'existence, l'être humain a chuté en dessous de l'animal.

Il faut savoir qu'en revanche, dans la sphère des minéraux et des végétaux, le choix n'existe pas réellement. Ces peuples ont réalisé l'équilibre, la perfection. Tandis que dans celle de l'animal et de l'homme, l'équilibre n'est pas atteint. L'humanité n'a pas grandi vers la beauté et la splendeur. Elle n'a pas fait l'offrande de sa vie vers les mondes supérieurs[1]. »

Les animaux manifestent de maintes façons des émotions et une grande sensibilité, pouvant aller jusqu'à des sentiments proches des nôtres. Beaucoup en ont fait l'expérience et ont été touchés par certaines attitudes que les animaux expriment. De même, en ce qui concerne la sexualité et la vie sociale, nous avons un lien très proche, des façons similaires de séduire, de nous protéger, mais d'une manière plus raffinée. Du moins, c'est ce qui serait logique en principe, l'être humain devant ennoblir les différentes manifestations de la vie et les conduire vers l'angélisation, c'est-à-dire vers le règne au-dessus de lui, comme pour donner une issue aux pulsions primitives de la nature animale qu'il possède en lui, et que l'éducation a très souvent brimée, plutôt que de chercher à comprendre le fonctionnement de l'homme, ses relations avec la nature et son accomplissement dans la maîtrise.

Nous en revenons au règne des Maîtres, hommes et femmes comme nous, qui ont décidé de prendre leur vie en main, leur vie intérieure et extérieure. Ils passent, dit-on, des initiations et se distinguent par la suite par leur équilibre, leur savoir, leur grandeur d'âme, leur force intérieure et leur simplicité aussi. Ils

1 - Extrait du livre *Dialogues avec la Mère-Terre* aux Éditions Ultima.

gravissent en conscience tous les étages de leur être, pour en vivre l'unité au service de la « Grande Unité » de la Création, une alliance magique puisqu'elle avait la puissance de lancer des civilisations, de hauts idéaux, des perspectives grandioses - que peu ont suivis. Ils étaient et sont toujours une bénédiction sur la Terre, car ils apportent ce qu'on pourrait nommer une « réconciliation des mondes », dans une alliance toujours renouvelée jusqu'à aujourd'hui. Alors, au sein d'une telle dynamique, comme une réponse venue de plus haut, les règnes dits inférieurs gardent l'espoir de recevoir des éléments supérieurs à travers les hommes et les femmes qui acceptent de participer, de près ou de loin, à une œuvre qu'il est juste de qualifier de divine.

C'est donc un regard nouveau, une écologie vivante et globale, authentique dans sa démarche et son approche. Il n'est pas facile aujourd'hui de se réapproprier cette ouverture à la vie grande et vraie, de se poser des questions et d'aller jusqu'au bout pour toucher l'évidence. La nature n'est pas qu'un environnement à protéger pour soi, mais un monde contenant d'autres mondes qu'il faut apprendre à connaître.

Aussi, les quelques notions d'une vraie spiritualité, abordées dans ce livre, ne doivent pas être un frein mais plutôt un tremplin pour une réflexion personnelle. La question des animaux touche la vie entière...

Alors oui, les grands Maîtres esséniens sont les meilleurs amis des animaux, les amis de tous les êtres. Ils regardent vers ce qui est supérieur, et veulent saisir la beauté de leur mystère, non pas dans une bondieuserie ou une fuite du monde, mais dans la vie, la nature, s'observant et posant un regard qu'ils veulent garder pur, aimant, sur les êtres et les choses. Ils veulent tenir leur rôle d'intermédiaires conscients, comme nous l'explique Olivier Manitara :

« C'est pour cette raison que les initiés et les sages du passé ont fréquemment représenté les animaux autour des temples et des divinités. Ils le faisaient pour montrer la voie de la maîtrise et de l'éveil de la conscience. Ayant ouvert le chemin qui élève l'animal dans leur vie, ils pouvaient rencontrer la divinité des Anges, des Archanges et des Dieux.

Quand cela advient dans la vie d'un homme, l'animal est ennobli de son alliance avec lui. Il n'existe d'ailleurs aucune différence fondamentale entre l'homme et l'animal, et c'est pour cette raison qu'ils possèdent les mêmes organes et les mêmes fonctions internes. Cela explique pourquoi les initiés et les sages sont allés jusqu'à représenter les animaux comme des divinités, comme des gardiens du précieux, des protecteurs...[1] »

---

1 - Extraits du livre *Hrani yoga, le sens alchimique et magique de la nutrition* aux Éditions Prosveta.

Les grands Maîtres esséniens font référence, bien souvent, à l'Égypte des premiers Pharaons, comme une base solide sur laquelle ils se posent, « leurs ancêtres », disent-ils avec admiration et reconnaissance. Elle est un vrai mystère, tant sa culture fut élevée. Nous soulignerons, et c'est ce qui est intéressant dans notre développement, leur rapport avec les animaux, qu'ils élevaient au rang de dieux, non pas en adoration, mais comme un moyen de faire vivre une réalité supérieure au milieu d'eux. Imaginez les animaux, leur bonheur d'être utilisés par l'homme comme des réceptacles sacrés. Un règne inférieur n'a qu'un souhait, c'est d'être utilisé pour ce qu'il est dans sa dignité, et d'être relié à une démarche sacrée, ou tout au moins saine. Bien sûr, le sacrifice est alors accepté en ce sens, mais il demeure une pratique mineure, car verser le sang et retirer la vie est une preuve de faiblesse, de facilité, même si c'est pour apaiser des esprits malfaisants. Avec force et puissance, Jésus dira :

« Mais si vous saviez ce que signifient ces paroles : - je veux miséricorde et non sacrifice -, vous n'auriez pas condamné ceux qui ne sont point coupables » (qui ne sont point coupables, donc des innocents, les animaux). (Matthieu 12: 7.)

Ce dernier point sera peut-être le plus difficile à faire admettre. Pourtant, ce qui se passe comme évènements dans la société humaine est difficilement attribuable à l'être humain en tant que tel, dans son essence, sinon, comme on le voit aujourd'hui, c'est la peur envers les uns et les autres qui prend place. Cela vient du fait que l'éducation actuelle bannit l'aspect invisible de la vie et surtout l'idée qu'il puisse y avoir des esprits, des entités, des mondes subtils. L'homme en arrive à croire qu'il est le seul être vivant et intelligent, et que les anciennes croyances étaient pour les simples. Dans ce cas, comment expliquer nos rêves, nos cauchemars, nos perturbations mentales, nos tiraillements aussi ? Tout est vivant et nous baignons dans le vivant à différents niveaux. Aussi, de même que des insectes sont attirés par les déchets, la décomposition etc., de même des êtres vivants sont attirés par notre manière de vivre. Le Maître Omraam Mikhaël Aïvanhov nous en expose les lois correspondantes :

« La nourriture que nous mangeons va dans notre sang et de là, elle attire des entités spéciales. »

« La viande correspond à un élément spécial dans les pensées, les sentiments et les actes : commettre des actes de violence, vous laisser entraîner par le désir sensuel ou avoir des pensées égoïstes et injustes, car la viande représente tout cela : la violence dans le plan physique, la sensualité dans le plan astral et l'égoïsme dans le plan mental. »

C'est de la haute psychologie, globale, car tenant compte de tous les éléments de la vie invisible et visible. C'est un bref aperçu de la science initiatique des grands Maîtres, des mystères de la vie et de la relation de l'homme avec le Tout.

L'homme absorbe l'éducation qu'un monde veut lui inculquer, et n'a plus conscience des lois de la vie. Un exemple très simple, un adage nous dit : *On devient ce que l'on mange.*

En mangeant des animaux, l'être humain devient un animal, féroce ou végétatif. Or, c'est bien ce qui se passe... Les hommes se déchirent entre eux ou alors ils suivent un système comme des moutons, sans se poser vraiment la question de la finalité de tout ce qu'on leur propose. Manger l'animal, c'est s'identifier à un animal. Tu t'unis à une destinée qui n'est pas la tienne, et donc tu en deviens responsable. En effet, si nous considérons que l'animal a une âme, ce qui est vrai, alors tu t'unis à sa destinée. C'est ce qu'explique le Maître Omraam Mikhaël Aïvanhov :

« Chaque homme est accompagné de toutes les âmes des animaux dont il a mangé la chair. Bien que l'âme des animaux ne soit pas semblable à celle des humains, les animaux ont une âme ; celui qui a mangé de la chair d'un animal est obligé de supporter sa présence en lui, et cette présence se manifeste par des états qui appartiennent au monde animal. C'est pourquoi beaucoup de manifestations des humains n'appartiennent pas en réalité au règne humain, mais au règne animal. »

Il y a comme une révolte chez les animaux, qui ne peut se sentir qu'à travers le lien qui nous unit à eux par les sentiments. C'est un domaine que nous ne maîtrisons guère. L'amitié elle-même est une grande inconnue et il ne peut en être autrement. Notre comportement envers les animaux est une perversion de nos sentiments, qui sont chaotiques et non considérés par la société. Nous sommes sur-intellectualisés... Remarquons que le sentiment est un domaine que les femmes maîtrisent mieux, elles sont plus à l'aise avec la vie intérieure dans l'ensemble. La sensibilité est absente du carnage des animaux, de leur exploitation, de leur utilisation scientifique.

J'ose une audace en affirmant que toucher et détruire les femmes, et toute féminité, semble être un projet bien organisé par une intelligence supérieure, ceci à travers la destruction de la nature et le génocide animal. Nul doute que pervertir l'humanité, lui retirer toute sensibilité jusqu'à l'acceptation consciente ou pas du grand n'importe quoi est le fruit d'une éducation qui se transmet à l'insu de la conscience humaine...

Alors, une démarche opposée, une éducation pour l'épanouissement harmonieux de l'homme, pour une individualisation au service de l'Ensemble, doit inclure une « Alliance » avec une Intelligence supérieure, un monde supérieur, un idéal supérieur. Si l'homme nourrit de grands idéaux et se met en marche pour s'unir à eux et les réaliser dans sa vie, alors c'est la beauté dans l'homme, la grandeur de l'homme. Et tous les règnes en-dessous de lui, et plus spécialement celui des animaux, ne peuvent être que dans une reconnaissance active et au service de l'homme.

Imaginons-nous être un cheval monté par un cavalier : que préférerions-nous ? Être chevauché par un égoïste, un lâche, un méchant, ou bien par un vrai chevalier, quelqu'un empli d'une bonté vraie ? Nous construisons notre avenir avec les matériaux que nous donne le monde dans lequel nous vivons. Nous développons notre pensée à partir de toutes les pensées émanant du monde. C'est une éducation, une formation comme dans un placenta. Après un certain laps de temps, nous naissons une seconde fois, une nouvelle naissance au monde et, bien que consciente, elle reste subordonnée à toutes les informations que nous recevons et à partir desquelles nous nous formons, nous formons un corps pour vivre dans le monde. Oui, mais quel monde ? Quel monde voulons-nous ? Et nous sommes au service de celui-ci, celui que nous connaissons, précisément et qui nous a préparés. Nous n'en sommes pas fiers, au fond, car nous savons que nous sommes exploités, utilisés, chevauchés, et que l'on nous mène là où nous ne voulons pas du tout aller. On le sent bien que tout cela, tout ce que l'on nous dit n'est pas clair... Cependant, et je l'écris avec clarté, nous l'acceptons en refusant l'autre alternative, la naissance à Soi-même... véritablement. Alors, ce que nous faisons aux animaux, on nous le fait...

Le monde actuel ne nous donne aucune perspective vivante et belle de la vie, seulement un petit bonheur qui s'acquiert sur une base artificielle, une base morte, figée dans une grande peur, la peur de la vie, de prendre sa vie en main, celle de l'humanité, celle de la Terre. N'étant pas reliés à quelque chose de supérieur, nous fermons également les portes de la vie aux animaux, qui, alors, ne trouvent plus aucune lumière intérieure et belle en nous, comme un flambeau d'une dignité humaine rassurante et en harmonie avec le Tout, eux qui le sont naturellement. Dans son livre *Dialogues avec la Mère-Terre*, Olivier Manitara se fait le porte-parole des animaux, nous confiant :

« L'âme des animaux veut simplement que son peuple, qui aujourd'hui ne peut absolument pas s'associer au monde de l'homme dans la dignité et le respect conscients, soit laissé libre de suivre son chemin comme il l'entend. Même si l'être humain ne lui ouvre plus la voie vers un monde supérieur, il demande que, tout au moins, l'homme le laisse exister dans son règne d'une façon simple et sereine, sans avoir à craindre la menace d'un dieu fou placé au-dessus de lui. »

Les animaux n'ont pas besoin de nous pour vivre dans la nature, ni les végétaux, ni les pierres, ni les montagnes... Mais d'une certaine façon, il y a une grande humilité dans la nature, une simplicité. Par contre, nous avons besoin d'eux, tant à l'extérieur qu'à l'intérieur pour un bon équilibre. Les animaux, tournés vers l'homme, se disent : « L'homme est tout pour nous ! »... Oui, mais est-ce que l'homme se tourne vers les règnes qui lui sont supérieurs en se disant également : « Les Vertus, les grands Maîtres sont tout pour nous ! » ?

Ces derniers se tournent vers des réalités plus grandes encore, plus hautes, tels de grands arbres, au service de l'Unité, la vie pour le Tout, l'Harmonie...

CHAPITRE 5

Acceptons la vie animale…, c'est un souffle

C'EST UN SOUFFLE !

Acceptons la vie animale...

Il nous serait bien difficile d'envisager la vie sans manger ni boire, sans dormir ni respirer, sans bouger et sans sexualité. Cependant, nous ne portons pas notre attention sur ces fonctions biologiques, qui par ailleurs nous permettent de réaliser tout ce que nous voulons, tout ce que nous souhaitons entreprendre. Si une seule de ces fonctions est défaillante, plus rien n'est possible. Or, elles se gèrent sans notre consentement, en dehors de notre conscience... Et pourtant, elles ne sont pas considérées alors qu'elles nous portent comme une base de notre survie sur la Terre, pour y poser notre vie d'êtres humains, Intelligence de la Nature qui a bien fait les choses, l'animal en l'homme, au service de l'homme.

Ainsi, l'homme a son destin tout tracé, son honneur et sa dignité à conserver. Il est le maître, il doit être un bon maître... et non un dictateur, un pervers, un débauché...

La Sagesse des grands Maîtres esséniens nous enseigne l'admirable beauté du règne animal. Et si l'être humain est à la croisée des mondes, les animaux montent la garde, c'est une splendeur :

« Dans l'animal, le côté moral est présent. Celui-ci peut guider l'homme et l'inciter à faire le bon choix. De même que la terre se transforme en fleur, parfum et nourriture par le biais de la plante, le même processus doit s'opérer entre l'animal et l'homme. L'animal porte l'homme et celui-ci doit le conduire vers le Plus-Haut, c'est-à-dire vers les Maîtres et les Anges », nous dit Olivier Manitara.

Émettre l'idée d'un monde supérieur à nous est souvent repoussé et considéré comme un manque de bon sens. Or, ce bon sens est présent dans la vie d'une manière flagrante, et dans l'animal en particulier. Le hasard n'existant pas, le bon sens nous invite à nous responsabiliser, à prendre part à la vie de la planète et du cosmos à travers une société bien construite, bien organisée, une éducation initiatique, l'initiation à la vie, globale et universelle.

Accepter le souffle de la Vie en s'incorporant à lui, en reconnaissant son origine divine sacrée est la condition primordiale pour un bien-être du corps, de l'âme et de l'esprit. Un bien-être du cœur, de l'intelligence et de la volonté. Le bien-être, c'est-à-dire être bien… Bien avec tous les règnes, toute la Nature, nos différentes natures.

Tu existes vraiment si tu es une bénédiction pour les autres, pour tous. Le bien-être, c'est de « devenir le bien de tous les êtres », le précieux sur la Terre, et tu reçois la protection de l'ensemble.

« Un pour tous, tous pour un... »

Alors il y a l'animal en toi, son souffle à travers toutes les fonctions de ton corps, qui par ailleurs sont la base de notre psychologie. Nous avons vu que l'animal est une âme, une âme qui nous anime. C'est un souffle, une respiration de survie pour la vie et non pour la mort. Une respiration vers une autre respiration, plus grande, celle de ton âme, une expansion de vie et de créativité.

Le souffle, c'est la vie, l'existence. Quand tu t'animes, ton souffle s'anime. Quand tu te reposes, ton souffle se pose. Le vent anime les arbres, c'est un souffle. Mais qui anime le vent ? Un mouvement. Le mouvement, c'est l'animal en toi, tu prends ton espace. Tel un poisson dans l'eau, tu nages dans un océan d'air. Tu en as l'organe respiratoire. Remarquons le mot « spirale » en toile de fond, un mystère caché derrière toute respiration. C'est un baromètre qui te renseigne aussi sur ta vie intérieure, tes émotions, tes sentiments...

Qu'est-ce qui anime ton souffle ? Le sentiment, ta sensibilité. Nous avons vu dans le tableau du chapitre précédent que le sentiment était lié au règne animal, et que cela déterminait la capacité à maîtriser sa vie. Oui, si tu maîtrises ton souffle, tu maîtrises ta vie, tu tiens les rênes de ta destinée. Or il existe un souffle supérieur, celui de l'âme, de ton âme. Tu ne peux réprimer longtemps ton souffle, comme tu ne peux réprimer sans arrêt tes émotions. Tu ne peux pas toujours rester enfermé dans le mensonge, l'artificiel, comme tu ne peux pas rester enfermé dans une destinée que l'on a décidée pour toi. Aujourd'hui, il y a un malaise général, car tout est entre quatre murs, prisonnier. Les rêves beaux, les pensées belles, les sentiments nobles, les volontés bonnes...Rien n'est ventilé, le courant d'air manque...

L'animal t'invite au souffle de la joie, de l'enthousiasme, de la découverte, mais aussi à celui de la prudence, de la mesure, de la simplicité, de l'authenticité. Vrais sont les enfants, vrai est l'animal. Vrai est le souffle qui entre et sort de toi. C'est une spirale vers le haut. Le chemin inverse que prend le monde humain, entraînant la Terre entière avec lui, est un souffle de destruction qui résulte d'un emprisonnement de l'âme, de la vie en l'homme. Un souffle agressif, tel celui d'un fauve resté enfermé dans une cage. L'homme devient un monstre, qui piétine tout sur son passage, car incontrôlable est son souffle qui vient de la peur de vivre.

Le tableau suivant résume le développement ci-dessus :

Minéral	Terre	Maîtres
Végétal	Eau	Anges
Animal	Air	Archanges
Humain	Feu	Dieux

Ce tableau, très simple, nous montre le rapport existant entre l'animal et l'air. De par son mouvement, l'animal met en action la respiration, la sensibilité. Les sens sont en éveil, ouverts, conscients. Il en est de même pour nous mais ces derniers sont stimulés à outrance et excitent l'animal en nous, nos instincts. L'être humain se trouve dans la démesure, comme relié à des forces non pas primitives mais infernales. Nous disons d'ailleurs de quelqu'un de bruyant qu'il est infernal. Les mots parlent d'eux-mêmes...

Alors la solution, évidente, simple, trop vraie pour être appliquée : la Sagesse maternelle, celle qui calme le petit enfant par la douceur, par sa voix. C'est un souffle empli d'avenir, tendresse de la nature vivante et entière. La mère, notre Mère.... La Mère-Nature. L'intelligence féminine qui anime le cœur du chevalier, du héros... pour le bien-être de tous, de tous les êtres. L'intelligence féminine sacrée, qui te pose sur le sol et te donne une assise, la terre qui te porte, la mère qui te berce de sa magie vivante. La magie, « l'âme agit »... C'est le grand souffle qui te pousse vers les grands horizons, une destinée ouverte, en respiration consciente avec les lois de la vie, de l'univers de la sagesse. L'amour de soi pour l'amour de tous.

Les animaux sont dans un rythme, ils nous l'enseignent et le respectent. Ils veulent nous faire passer le message qu'il y a un temps pour chaque chose. Pour nous, c'est d'abord une discipline vers une libération, un épanouissement, car l'animal demande la maîtrise mais pas l'emprisonnement, pas la torture, pas le mépris. Cette maîtrise est le préalable au souffle de la liberté : maîtrise de ce qui doit entrer dans ta vie et de ce qui doit en sortir. L'animal est discernement…

C'est l'attention d'une mère qui veille sur son enfant et le protège. La loi de la vie qui se fait femme pour que le message passe. Des lois pour le bien et l'évolution de l'ensemble, le père veillant dans le secret sur la mère et l'enfant. Il est un ciel, un soleil.

Alors, il y a le souffle des saisons, qui sont liées à ce que la Sagesse essénienne nomme « les Archanges », ces Intelligences qui opèrent derrière les saisons, car il faut bien une maintenance, une volonté supérieure pour prendre soin de la Nature. Un pour chacune d'entre elles. C'est une ouverture d'esprit au-delà de tout intellectualisme, une logique de la vie, grande et vaste. Le soleil nous en donne un aperçu, peut-être un Archange… ou un monde divin. Les grands Sages nous en parlent pourtant dans un équilibre de leur être qui écarte, écarte toute possibilité de superstition et d'imagination.

Quatre règnes dits inférieurs et quatre règnes dits supérieurs. Cependant, comme énoncé au chapitre précédent, l'homme dans la maîtrise est un pilier vivant qui unit l'inférieur et le supérieur, les Maîtres, les grands Sages, étant de véritables êtres humains dans l'équilibre des règnes. Celui de l'homme est divisé en deux de par le choix de l'humanité de se couper de l'ensemble, sombrant de plus en plus dans le chaos, le désordre, la faiblesse, le néant d'une vie pour rien, rattachée à aucun idéal élevé.

Nous savons que rien n'est possible dans la solitude et qu'en société, de nombreux problèmes sont résolus. L'animal nous enseigne aussi la vie en groupe, le langage pour s'entendre. Cet héritage mérite une attention toute particulière, car il est comme une graine d'universalité vers laquelle l'être humain doit s'ouvrir véritablement dans un élargissement de la conscience. Vivre avec son âme est la clef que les animaux nous indiquent pour vivre. Cela signifie être authentique, notre être intérieur en tous les êtres pour aimer en grand, en vaste. Un souffle en tous les souffles... Les arbres nous mettent sur la voie également comme de véritables guides... Dans une forêt, chacun est individualisé par son tronc mais tous communiquent par le haut, leur feuillage, leur âme...

Les grands Maîtres esséniens sont vraiment les meilleurs amis des animaux et de tous les êtres. Olivier Manitara nous confie :

« L'animal peut trouver un chemin vers les hauteurs dans l'homme et devenir pour l'homme une terre qui porte et protège, qui unit sa force à la sienne pour la victoire de ce qui est noble, sublime, grandiose. C'est pour honorer cette alliance mystérieuse qu'un grand nombre de traditions sacrées ont représenté des hommes affublés de têtes ou de corps d'animaux. Elles voulaient révéler l'un des plus grands secrets de la vie, la similitude et la proximité des mondes de l'animal et de l'homme[1]. »

Il va de soi que le respect de la vie animale et la reconnaissance qu'on lui doit dépassent largement le simple combat contre la violence faite aux animaux, qui demeure cependant honorable et juste. Celui-ci doit s'inscrire aussi, afin d'aboutir, dans une démarche initiatique, dans le respect et la reconnaissance des grands mystères de la vie.

Cette approche sacrée est nécessaire pour modifier notre regard sur la vie animale, car comme nous l'avons souligné, seul un changement de regard, une autre vision de l'animal permettra de rééquilibrer la situation. Les Égyptiens de la haute Antiquité,

1 - Extrait du livre *Dialogues avec la Mère-Terre* aux Éditions Ultima.

par exemple, avaient une connaissance profonde de la vie sous toutes ses formes et de la vie animale en particulier. Pour eux, les animaux étaient un langage des dieux, une écriture à déchiffrer, à activer en soi, à honorer comme une bénédiction. Le regard que nous portons sur tout ce qui nous entoure détermine son influence dans notre vie, et bien entendu notre attitude envers tout cela. Ainsi en Égypte, la vache était considérée comme un symbole d'abondance et en Inde également, et elle y est encore protégée. Aujourd'hui, elle est regardée comme une source de profit et elle est exploitée.

Il est à noter que ce symbole de la vache est un symbole féminin qui touche aussi à la maternité, la fertilité... c'est la déesse Hator. Elle donne son lait, elle donne la vie... Comment la maternité est-elle perçue par notre société ? Beaucoup de femmes n'allaitent pas ou en ont presque honte, alors que c'est leur dignité, un rôle de premier plan, non reconnu... Ce qui touche au sacré, à la vie est bafoué et il faut oser le dire franchement. La femme est bafouée et utilisée par la publicité pour faire vendre. La profanation est omniprésente et va jusqu'à faire porter une arme à la femme. L'intimité des êtres n'est pas respectée, elle est violée, saccagée. L'homme désacralise tout afin de se donner le droit de faire ce qu'il veut.

Notre regard est précieux, c'est par lui que tout changera ; changeons notre regard, acceptons une autre vision de la vie, vivante de sens, de respect et d'émerveillement.

Il est salutaire de voir dans les animaux la qualité prédominante, non pas dans leur aspect sauvage, mais afin de la relier à une fonction qui l'ennoblit et qui nous relie à une vie supérieure, à un monde supérieur. Par exemple, la colombe est le symbole du Saint-Esprit chez les Chrétiens et l'aigle, celui du Grand Esprit pour les Amérindiens. Tu vois un animal... qu'est-ce qu'il évoque pour toi ? C'est ainsi qu'est apparue entre autres l'astrologie. D'ailleurs, chaque peuple a son astrologie, et les anciens voyaient même des formes animales dans le ciel étoilé. C'était comme un trait d'union entre la Terre et le Ciel. Il y a la constellation du Lion, un Dieu dans le ciel... un Dieu sur la Terre, un Dieu dans le lion. Alors, le lion était une bénédiction si l'homme travaillait à nourrir le côté supérieur de son être. Le lion lui donnait affirmation de soi, royauté et générosité. Si par contre il nourrissait des ambitions égoïstes, l'homme devenait orgueilleux. Le lion revêtait dans le symbolisme, un côté positif et un côté négatif suivant l'attitude intérieure. Effectivement, le règne animal a un double chemin : vers le haut ou vers le bas. C'est un « garde du corps » ou alors il y a mutinerie. Où ? À l'intérieur de l'homme. Ce dernier est pris au piège de sa propre bêtise.

Ces quelques notions peuvent nous aider à comprendre la plupart des problèmes que rencontre l'humanité dans son ensemble et surtout, à emprunter un chemin de lumière qui fait retrouver la vue claire et belle.

CHAPITRE 6

Les animaux dans ma vie…

« Aime ton prochain comme toi-même... »

Jésus

LES ANIMAUX DANS MA VIE...

« Aime ton prochain comme toi-même... »
Jésus

Comment les animaux pourraient-ils être un sujet d'actualité, à l'heure où on parle chômage, sécurité, violence, voire écologie ? Il est d'ailleurs surprenant que dans ce dernier thème, les animaux ne soient pas à la même place que l'homme. En effet, l'écologie va de pair avec la santé de l'homme et de l'environnement. Mais il est évident que dans les discours et propositions, le règne animal est rarement pris en compte. Il remet trop de choses en cause, surtout si les écologistes sont amateurs de viande... Sans jugement de ma part cependant, je constate que la question des animaux est comme délibérément mise de côté. Notre environnement est aussi celui des animaux qui jouissent, selon la Vie, des mêmes droits à la santé, à l'intimité, à la liberté, au respect, à la reconnaissance. Ce dernier point est le plus important et détermine tout le reste.

Pourtant l'audace d'une écologie vraie, donc forte, devrait être mobilisée pour protéger la vie animale tant sauvage que domestique. Il ne peut y avoir d'écologie véritable sans cet aspect. Bien sûr, il touche au vivant. Un vivant bien plus proche de nous que nous ne l'imaginons.

Les animaux sont omniprésents dans ma vie, j'en rencontre tous les jours, et nul ne peut dire que les oiseaux ne mettent pas l'ambiance.... Toute la journée ! C'est vraiment la vie qui chante ! Et tu peux partager cette joie et cette gaieté en la laissant pénétrer en toi. D'ailleurs, plusieurs fois, j'ai senti une douceur ouvrir mon plexus solaire en me concentrant, en les écoutant, en prenant le temps de les écouter. La même attitude pour contempler leur envol est source de satisfaction...

Il y a une sorte d'humilité à observer les animaux, car ils sont comme un mystère, si on accepte le fait qu'on ne connaît pas la Vie, l'animal, le végétal, le minéral, les éléments, les saisons, le soleil, etc. L'intelligence est de les regarder comme on regarde un enfant, avec émerveillement, comme des grands-parents. C'est peut-être ce que nous sommes dans un certains sens. Je préfère cependant le terme de « grands frères », car nous sommes nourris par la même Mère, la Nature Vivante, intelligente, mystérieuse et belle.

Je me souviens d'une expérience dans un parc, avec un chien. Je me promenais, tranquille, et bien sûr je l'avais remarqué. Lui aussi... c'était comme s'il avait voulu entrer en contact avec moi et me suivait. Il me donnait l'impression qu'il se demandait s'il pouvait ou non. C'était flagrant ! Alors, tout en continuant mon chemin, lui finalement, avait rebroussé et fait demi-tour. Et tout d'un coup, je le vois venir vers moi par devant, et il courait, me regardant... Il était tout joyeux et son regard empli d'amour. J'ai compris après qu'il voulait partager sa joie, sa liberté... c'était vraiment un message de contentement. Il me l'a donné dans un regard limpide ! Il était heureux... et son regard en avait la beauté.

J'ai déjà croisé aussi le regard d'une vache par exemple, et c'est impressionnant. Tout est dans ce regard si on ose se laisser toucher. Tu prends conscience que ces êtres te regardent aussi ! Bon sang, qu'est-ce que ça en fait tomber des barrières ! Car si un animal pose son regard sur toi, c'est qu'il fait comme toi qui poses le tien sur lui. C'est journalier, qu'un regard animal se pose sur nous... et la seule question qui surgit si on va jusqu'au bout de l'étonnement, est : « Qui me regarde ? » Un être vivant !

La réponse est évidente et c'est étonnant aujourd'hui comme j'aime rencontrer les animaux. C'est beau de les englober dans sa vision et de sentir les êtres vivants qu'ils sont, de comprendre leur monde et surtout de les reconnaître en soi, aussi. De sentir cette partie animale qui se trouve en nous, comme l'évidence logique de la nature qui veut que le supérieur porte l'inférieur, comme pour lui donner quelque chose de lui-même, donc de supérieur. C'est une bénédiction pour eux et une force, une stabilité pour nous, une grandeur. Alors, c'est le chemin de la maîtrise de soi sur lequel les forces animales sont à notre service… si nous nous en montrons dignes.

J'ai décidé de les aimer, non pas comme le monde aime, c'est-à-dire d'une manière superficielle, mais dans la reconnaissance de leur présence en approfondissant la raison d'être du peuple animal sur la terre. Il nous aide à voir la logique de l'évolution dans la nature dont nous faisons partie. Sachant qu'il vit en nous et fait partie de notre structure, cette attitude m'a aidé à regarder les instincts et la vie « basique » sur la terre, nos besoins primaires, premiers, sur lesquels tout le reste se pose, avec considération. La vie doit être entretenue avec intelligence et orientée dans la sagesse, et bien qu'étant végétarien, je n'ai jamais voulu en faire une identité. L'appel de la simplicité, d'une nouvelle façon d'être au monde, a grandi en moi d'année en année, tandis que je cherchais à vivre pour un idéal, à donner mes énergies pour une cause qui ne saurait se limiter à celle de l'animal qui - il est vrai cependant - mérite qu'on se mobilise pour elle…

Inconsciemment, alors que je n'étais qu'un adolescent plein de fougue et idéaliste, cherchant sans cesse un modèle auquel je pourrais ressembler, j'avais trouvé le moyen d'honorer le peuple animal un peu à la manière de certaines civilisations de l'Antiquité. Je voulais avoir la force du lion, animal que j'honore au fond de moi, car il me parle ; sa présence, sa prestance sont une force près de moi... Je pensais à cet animal très souvent, sans doute me faisait-il penser à mes origines africaines lointaines... Certes, mais plus encore à un symbole : celui du soleil. Un dessin animé que j'aimais beaucoup regarder m'avait rapproché de cet animal, un dessin animé de chevalerie. L'image du lion avait pris par ce biais une connotation idéaliste et même spirituelle. En effet, je voulais acquérir les qualités du lion, tellement il me fascinait, mais aussi ses vertus morales, telles qu'enseignées en astrologie initiatique - science sacrée qui m'a ouvert quelques horizons par la suite. Avoir un cœur de lion... une image de chevalerie qui fait partie de l'histoire. Ainsi, les qualités et les vertus du lion marchaient ensemble dans ma « divinisation » de ce bel animal, roi des animaux, dit-on. Étant du signe du Lion, j'en étais plutôt fier...

J'ai toujours aimé contempler la Nature, ressentir les éléments, observer les animaux, les insectes... à la suite de ma rencontre avec un enseignement sacré et pur, celui du Maître spirituel Omraam Mikhaël Aïvanhov, j'ai porté une attention plus consciente encore envers nos frères les animaux. Bien que ne l'ayant pas connu de son vivant, je pense l'avoir bien ressenti :

un Maître essénien, ce que je découvrirai plus tard, et qui a consacré sa vie à éclairer la nôtre d'une lumière vraie, pour que nous puissions la regarder sous un autre angle que celui que le monde propose ; que nous puissions la méditer, la contempler, l'ennoblir.

Une plus grande proximité avec les animaux, ne serait-ce que dans la pensée, élargit le contact avec leur monde, avec ce qu'ils sont dans leur diversité. La présence des oiseaux par exemple est toujours pour moi une source d'enchantement. Je m'efforce de ressentir l'animal en moi, de l'entourer de mon regard.

Puis c'est la rencontre, celle que l'on souhaite au fond de soi et qui, en même temps, est dévalorisée aujourd'hui. La rencontre pour que s'ouvre véritablement le regard, la destinée, l'orientation, pour que toujours soient nourries les hautes aspirations, le bonheur d'un idéal qui peut enfin fleurir, toucher terre, prendre forme à partir d'une matrice neuve et renouvelée. Une présence rendue possible par une Tradition avec laquelle j'avais bien souvent cheminé dans mon cœur. Une Tradition proche de la nature et de ses mystères, proche de la vie et de ses mystères, proche de moi-même en fin de compte et de mon propre mystère. Un héritier de l'antique Savoir de la vie, initiatique. Un Maître essénien, vivant, actif... et son œuvre, qui est celle de sa lignée, a repris le flambeau du précédent cité plus haut. J'en parle pour que l'information passe : la sagesse vraie qui donne du sens à la vie, l'opportunité de participer à quelque chose qui, enfin, redonne noblesse à l'être humain. La possibilité de protéger le meilleur de nous-mêmes, en le mettant au service de ce qui entoure chaque existence ; un mystère grand, pour faire éclore notre grandeur cachée, voilée.

Alors il y a cet homme, simple, posé, vrai, qui partage son « pain de vie », un Enseignement, une Tradition qui plongent très loin dans l'histoire de l'humanité qu'il apporte et porte avec ses amis, qu'il nous invite à honorer, comme une mémoire commune, puisqu'elle a lancé les civilisations, les plus hautes idées et ouvert les plus grands horizons.

Cet homme, Olivier Manitara, a ouvert un chemin, un espace, pour que vive de nouveau le Sacré dans la vie, pour que vive de nouveau l'être humain noble, pour que tous les êtres vivants, c'est-à-dire les règnes animal, végétal et minéral, les éléments, aient leur place dans le cœur de l'homme. Mais surtout, pour que soit honoré un monde supérieur, sans artificiel, du concret tourné vers la Terre, la réalité tout autour de nous, la Vie telle qu'elle est. Une grande humilité envers d'autres réalités qui échappent à notre entendement, écrasés que nous sommes par un quotidien lourd à porter. Lourd de notre lourdeur, pesant de notre ignorance, entretenu par un système qui nous vole la vie et la maintient dans une grande obscurité, nous hypnotisant par tout un arsenal de confort, d'illusions et d'informations.

Alors il y a la Ronde des Archanges[1], son œuvre, indescriptible, cet espace pour embellir la vie entière de vertus, telle une chevalerie sacrée. Une démarche humanitaire puisqu'elle place l'humain dans son vrai rôle de prendre soin de son âme, donc de lui-même, et d'épanouir sa vie dans la dignité, la beauté, la responsabilité. Une démarche écologique de premier plan puisqu'elle invite l'être humain à se tourner, de nouveau, vers les règnes de la nature, avec un regard neuf, une pensée dégagée, un cœur ouvert et authentique. Une démarche pour rappeler l'importance des lois de la vie, que l'homme est au centre d'un équilibre qu'il doit préserver sur la Terre, en honorant les grands Sages du passé comme une référence humaine solide, et les règnes supérieurs avec lesquels ces derniers étaient reliés. C'est une reconnaissance, une floraison possible de tout ce qui est précieux en nous et autour de nous.

Dans un silence rendu magique, je suis assis, habillé de blanc. Tout le monde se recueille... La salle

1 - La Tradition essénienne enseigne que quatre intelligences supérieures se manifestent entre autres à travers les quatre saisons. Suivant les traditions, on leur donne des noms différents. Ce sont les Archanges... (Voir le tableau de la section « Regardons l'animal dans les yeux..., c'est une âme ».)

emplie d'une atmosphère sacrée accueille une prière, la sienne. Il prie, il invoque, nous rend tangible son Alliance sainte avec ces règnes supérieurs, au milieu de nous. Un fils qui parle à son Père. C'est biblique, c'est incroyable et pur... Au cœur de ce monde bruyant, irrespectueux du vivant, du sacré, un homme prie, une prière vivante qui résonne pour en avoir un écho, un retour, un message, un Évangile.

Le message finit par arriver, simple, grand, un écho en effet à la prière sincère, à l'attitude juste. Un écho qui nous rappelle les grands Livres sacrés de l'humanité, nous replongeant dans l'histoire d'une œuvre, d'une grande Œuvre commune à toutes les traditions. Une autorité supérieure à l'homme pour nous replacer dans le contexte initial de la vie, telle qu'elle a été voulue, et non pas telle que nous la souhaiterions. Une parole concrète comme celle avec laquelle je vous propose de faire connaissance en guise de conclusion[1]. En vérité, nous avons besoin d'une sagesse pour nous guider. C'est une histoire qui se continue, une histoire pour rester éveillés... Un groupe d'hommes et de femmes dans le silence autour de lui, tous les règnes de la nature dans le cœur, l'intelligence ouverte sur le

1 - Ce texte, ou « psaume »chez les Esséniens, émane de l'Archange Michaël ou Père du feu, lié à l'automne. (L'Archange Gabriel ou Père de l'eau, lié à l'hiver, l'Archange Raphaël ou Père de l'air, lié au printemps, et l'Archange Ouriel ou Père de la terre, lié à été, ont eux aussi transmis de nombreux messages... au rythme des saisons.)

mystère des règnes supérieurs ; une alliance, l'Alliance pour que la flamme ne s'éteigne pas, la conscience d'une vie supérieure, divine, le Divin en tous les êtres, tous les règnes, donc dans l'animal aussi.

La Ronde des Archanges pour honorer la Vie, s'harmoniser avec un rythme qui n'est pas du monde mais qui engendre les saisons, un mouvement perpétuel au-dedans de nous, pour nous inviter à nous ouvrir à ce qui nous porte et donne une raison d'être à notre existence, celle de tous les êtres. La Nature nous parle à travers ses rythmes, une Mère qui nous porte, une intimité violée aujourd'hui plus que jamais.

La Ronde des Archanges pour nous relier à une vie véritable d'êtres humains en accord avec nous-mêmes, profondément, en humilité devant la sagesse de ceux et celles qui nous ont ouvert un chemin de destinée libre, d'un idéal d'accomplissement, pour que toute perspective d'épanouissement soit une floraison créatrice de beauté, d'intelligence, de bonté, de force, de grandeur. Ce sont là des vertus parmi tant d'autres qui s'en vont, qui disparaissent de plus en plus de notre réalité quotidienne, et c'est ainsi qu'un autre monde apparaît, technologique, robotique, sans âme puisque sans vertus. Elles ne nous sont donc pas spontanées puisqu'un travail sur soi est nécessaire pour qu'elles viennent vers nous, tels des papillons, si nous voulons bien sortir de ce monde en décomposition, grandir et fleurir. Nous pouvons embaumer l'espace, l'intérieur de l'autre, celui de l'animal, pour une réconciliation, le partage d'une même vie, commune, qui ne vient pas de nous, que nous avons reçue, en bons maîtres et gardiens de la Terre, du sacré.

La Ronde des Archanges pour que chaque instant soit une offrande, une gratitude, comme un ciel ouvert au-dessus de notre tête, si nous nous en donnons la peine, les pieds sur la terre, pour nous élancer vers l'inconnu de notre propre vie, du mystère de l'être que nous sommes, que chaque animal est, que chaque plante est, que chaque pierre est. L'inconnu sacré derrière la terre, l'eau, l'air, le feu, derrière le soleil, les étoiles, les saisons... L'inconnu sacré derrière nos amours, notre désir de vivre, notre recherche de sécurité, de bien-être. L'inconnu sacré vivant derrière les grands Sages, les grands Maîtres, leurs paroles, leur écrits, leurs œuvres, comme rendu tangible, pour que nous puissions aller vers Lui dans une compréhension profonde de notre personnalité humaine sur la Terre et de notre âme, éternelle, de notre vie et de notre respiration véritable ; non pas dans une croyance, mais dans une liberté d'être, d'audace, de dignité.

La dignité des animaux, par contre, est dans un message qu'ils nous transmettent depuis toujours : ils sont libres, vrais, ont un regard franc. Leur être tout entier nous regarde, ils touchent notre sensibilité, l'éveillent, nous émerveillent. Aujourd'hui, nous sommes dans une impasse sur laquelle nous fermons les yeux, et malgré la souffrance et notre attitude cruelle envers eux, ils ont, dans un sursaut d'espoir, sauté sur l'occasion qui leur était offerte pour exprimer d'une seule voix leur adhésion à la vie, sans condamnation... La Ronde des Archanges est un espace d'expression pour tous les êtres...

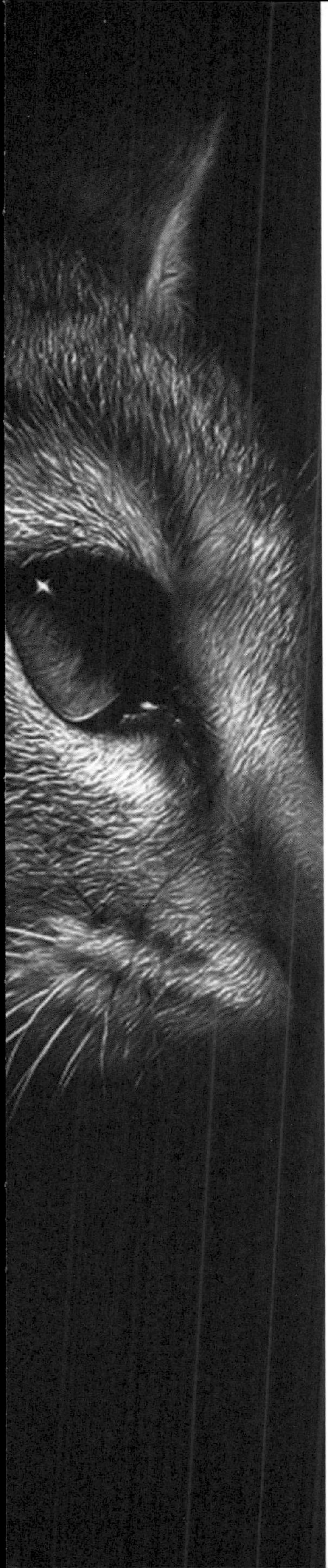

CHAPITRE 7

Le message des animaux à l'humanité

Le message des animaux à l'humanité

Qui n'a pas rêvé un jour de parler avec les animaux, les plantes, l'âme des lieux et des êtres ? Des traditions et des légendes nous racontent qu'un tel prodige est possible, qu'une communication a existé et que certains sont encore capables de dialoguer avec l'âme des êtres…

De tout temps, les Essénien sont été appelés les Thérapeutes de la Mère-Terre car ils consacraient leur vie pour que le lien et le dialogue avec tous les êtres qui peuplent la Terre demeure vivant…

À l'heure où tout le monde parle d'écologie, il était temps de remonter aux origines de cette nouvelle « religion » du monde moderne. Pour les Esséniens, le dialogue avec la Mère-Terre et tous ses habitants est le fondement même de l'écologie et de la religion véritable.

À l'occasion de la grande célébration annuelle de l'Archange Michaël en septembre 2009, les Essénien sont ouvert un espace sacré pour que ce dialogue puisse de nouveau avoir lieu. Ainsi, la Mère et les quatre règnes qui la représentent ont pu transmettre leurs prières, leurs messages à l'humanité, en espérant qu'elle s'éveille et comprenne qu'il est encore temps de rétablir le dialogue avec elle et d'enfanter un autre avenir... » (Quatrième de couverture du livre *Dialogues avec la Mère-Terre* d'Olivier Manitara.)

« Ces prières ne sont pas une œuvre littéraire, philosophique ou religieuse, elles sont nées de toute une histoire, de tout un chemin, elles sont l'expression même de la vie qui jaillit et qui grandit naturellement, spontanément, à l'image d'une rencontre, d'un moment passé ensemble, d'une discussion, d'une prise de conscience et de tout ce qui peut en découler. Pour les Esséniens, les animaux font partie non seulement de notre famille mais même de notre corps. Ils sont les enfants du Père et de la Mère au même titre que l'homme, la plante, la pierre, l'Ange, l'Archange ou le Dieu. L'animal et nous sommes un. L'animal est proche de l'homme. Il est empli de sagesse, de beauté, de dignité, de grâce, d'intelligence. Il est une lettre de l'alphabet universel. Il n'est pas digne d'exploiter, de faire souffrir, de dégrader l'animal en le transformant en produit... »

PRIÈRE DES ANIMAUX

« Nous, le peuple animal, nous adressons notre prière au Père Michaël.

Père, nous sommes tes dévoués serviteurs. À travers la Mère, nous sommes vivants et nous savons que tu es le soleil de cette vie que nous recevons. À travers toi, c'est à l'homme que s'adresse notre prière car c'est à son intelligence et à son cœur que nous voulons parler. Nous avons toujours été proches de l'homme, nous avons toujours aimé sa présence car il est pour nous notre avenir. Il représente notre futur, notre évolution, la prochaine étape à atteindre.

Nous ne nous sentons pas si loin de l'homme car nous le comprenons beaucoup mieux que les règnes minéraux ou végétaux. Nous savons qu'il porte un poids dans sa vie, une charge importante car son rôle est d'être l'intermédiaire et le régulateur entre un monde supérieur et un monde inférieur. Nous l'avons compris et nous avons voulu le soutenir dans cette tâche et dans son évolution. Malheureusement, l'homme n'a pas été fidèle à sa mission et il s'est servi de sa liberté pour se détourner de la Lumière et se maintenir dans une illusion d'indépendance. Il s'est servi de sa créativité pour engendrer des démons, des êtres avides de pouvoir, de sang et de passion.

Certains hommes ont résisté et sont demeurés fidèles à leur mission et à l'intelligence supérieure. Dans leur sagesse, ils se sont tournés vers la Mère pour lui demander de les aider à nettoyer et équilibrer cette faute.

Dans son amour, la Mère nous a demandé de nous sacrifier et de donner notre sang et notre vie pour satisfaire ces démons afin que les hommes puissent être allégés et continuer leur chemin vers la Lumière. Nous sommes devenus des pansements. Nous avons accepté d'être sacrifiés, que notre sang coule pour que ces êtres invisibles et féroces puissent libérer la sphère de l'homme en se concentrant sur notre sang. Ces démons étaient apaisés et l'homme pouvait continuer à célébrer l'Alliance et nous ouvrir les portes des mondes supérieurs. Il était malgré tout encore le libérateur.

Ceci est une partie de l'histoire de l'humanité que les hommes ont oubliée et ne comprennent plus. Aujourd'hui, ils se sont fait envahir et enchaîner par ces forces parce qu'ils n'ont pas d'idéal, d'objectifs grandioses et ont perdu le contact et l'alliance avec les mondes invisibles qui seuls pouvaient maintenir vivantes leur intelligence, leur âme et leur force.

Les hommes, asservis par des démons que leur soif de puissance avait invoqués, nous ont conduits en esclavage, pire encore, ils nous ont emmenés dans le royaume des ténèbres où règnent la peur, la terreur. Nous sommes malheureux, tristes, perdus ; notre souffrance est permanente.

Les hommes sont indifférents. Ils ne voient en nous qu'un produit qu'ils peuvent utiliser pour leur unique satisfaction, sans jamais se soucier de nous. Ils n'ont même plus la vision juste des choses. Ils sont envahis par l'obscurité, celle que même notre sang ne peut plus apaiser ni équilibrer.

Nous sommes sacrifiés inutilement, gratuitement, sans autre résultat que celui d'augmenter la bêtise et la méchanceté. Cela est intolérable pour nous. Non seulement on nous sacrifie pour rien mais en plus on nous enlève notre dignité, notre beauté, notre valeur. Pour toute récompense, on nous place dans une souffrance permanente et on nous fait vivre dans la peur. Dans leur inconscience et leur insensibilité, les hommes nous prennent, nous exploitent, nous avilissent et nous jettent. Ils nous approchent sans aucune culture, sans aucun respect. Nous sommes à leurs yeux une sous-espèce ; leurs regards nous enferment dans la médiocrité.

Père Michaël, sauve notre peuple de l'homme qui non seulement ne nous voit pas, ne daigne pas nous regarder, mais qui en plus nous plonge dans un univers de souffrances gratuites. Il n'y a aucune raison que nous vivions cela car ce n'est pas une volonté divine. Nous avions accepté le sacrifice car il était juste et noble. L'homme avait commis des fautes et nous avions accepté de l'aider et de le soutenir même si ce n'était pas facile. Cet acte était juste car l'homme nous emmenait vers les mondes supérieurs. Aujourd'hui ce n'est plus le cas. L'homme a fermé la porte pour ne plus vivre que dans son propre monde et détruire tout ce qui vit autour de lui, comme s'il voulait s'auto détruire lui-même.

Père Michaël, enseigne les hommes, parle-leur et raisonne-les. Qu'ils s'éveillent et prennent conscience de ce qu'ils font et aussi de ce qu'ils sont devenus. Ils sont dans le total irrespect, la médisance, la supériorité extrême associés à l'orgueil et à la vanité. Il faut qu'ils le voient et décident de se reprendre pour de nouveau conduire leur vie dans ce qui est juste et noble.

Père Michaël, que nous les animaux, nous puissions être libres et vivre dans la forêt auprès de notre Mère. Que les hommes ne nous approchent plus car c'est la terreur, la frayeur quand nous entendons leurs pas, leurs voix et sentons leur présence. Nous savons qu'il n'y a plus aucune intelligence en eux.

Père Michaël, que les hommes s'éveillent. Qu'ils cessent au moins de faire couler gratuitement le sang. Nous l'acceptons uniquement si c'est pour glorifier une intelligence supérieure et amener une élévation, un ennoblissement. Si c'est pour rien, alors, Père, nous te supplions de faire entendre à l'homme ce message d'espoir car nous sommes bien conscients que tout se dirige vers la destruction totale et globale.

L'homme nous prête même des contre-vertus qui nous sont totalement étrangères. La cruauté n'existe pas dans notre monde. L'homme est devenu cruel parce que ce sont des êtres invisibles tout autour de lui qui le dirigent et l'orientent.

Père Michaël, que notre prière soit entendue car nous voulons être reliés aux Archanges pour pouvoir trouver un chemin de libération. Que l'homme redevienne le sage, le chevalier qui donnait sa vie pour une cause juste et noble. Il était le protecteur des mondes, le sauveur, le bienfaiteur, celui qui apporte la justice et la paix. Aujourd'hui, ce souvenir s'est éteint dans l'homme. Qu'au moins nous puissions, dans notre règne, vivre simplement comme des animaux et non plus dans la terreur et la frayeur. »

« La situation actuelle n'est plus à l'isolement. C'est pourquoi les Esséniens sont prêts à s'associer avec tous les organismes qui œuvrent pour la sauvegarde des règnes de la Mère, pour la protection et la dignité des animaux, des plantes, de la terre, de la nature.

Nous sommes convaincus que c'est en unissant nos forces et nos moyens que nous pourrons réussir. Mais en association ou seuls, les Esséniens sont décidés à agir et à tout mettre en place pour que les règnes de la Mère puissent retrouver la paix de l'âme et vivre tout simplement sous le grand ciel du Père et sur la grande terre de la Mère. »

Olivier Manitara[1]

1 - www.OlivierManitara.org.

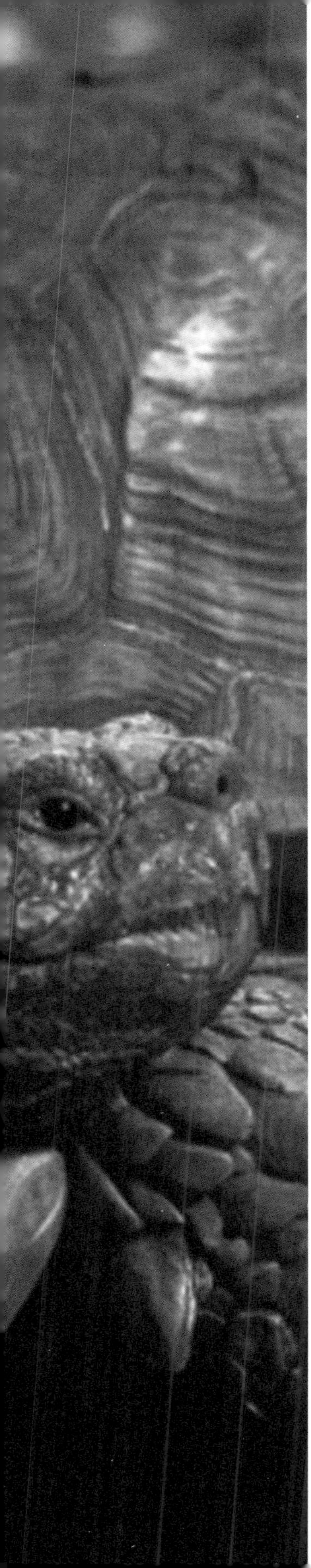

8

CHAPITRE

Le 7ème commandement de l'Archange Gabriel

Le 7ème commandement de l'Archange Gabriel

Lors de la célébration annuelle en janvier 2010 de celui que la Tradition essénienne nomme le Père de l'eau, l'Archange Gabriel, ce dernier a donné 22 commandements sacrés, divins, pour notre époque, pour une vie heureuse en harmonie avec les lois universelles.

Le septième commandement est particulièrement éloquent concernant le respect de l'animal et notre alimentation, notre relation avec la vie qui nous entoure... pour vivre avec dignité :

« Tu ne mangeras pas ce qui a des yeux,
ne porteras pas de cadavres à ta bouche. »

Voici entre autres ce que nous livre Olivier Manitara à propos de ce commandement :

« Tous les êtres qui ont des yeux sont destinés à regarder l'avenir. Les yeux sont des fenêtres ouvrant sur le futur.

Celui qui a des yeux montre qu'il a un avenir, une destinée et donc des expériences à faire, des mondes à rencontrer, des actes à poser. Il suffit de regarder la différence entre un végétal et un animal. Si tu essaies d'attraper un animal, il s'enfuira en courant alors que le végétal se donnera à toi sans résistance car c'est sa destinée de te nourrir.

Les yeux sont le chemin, la porte vers une destinée et des rencontres. L'homme ne doit pas intervenir dans ce processus d'évolution. Sinon il prend sur lui la responsabilité de l'évolution de l'être et c'est lui qui devra faire les expériences à sa place et descendre au niveau de conscience dans lequel vit cet être. Car si l'homme empêche un être d'évoluer, il doit au minimum lui faire obtenir ce qui lui était destiné. » (Extrait du livre *Les 22 Arcanas* aux Éditions Essénia.)

Conclusion

Respect pour tout ce qui porte la vie

CONCLUSION

Respect pour tout ce qui porte la vie

« Si vous êtes des hommes responsables, respectez tous les règnes qui existent. Respectez avant tout le monde divin en vous parant des plus beaux bijoux et en vous préparant à recevoir les forces du monde divin.

Lorsque vous approchez de quelque chose de plus grand, préparez votre corps. Préparez-vous par le travail, la méditation, l'alimentation saine, par les plus belles pensées, les vertus et les états d'âme les plus précieux en vous. Respectez aussi tous les règnes qui sont en-dessous de vous et qui font que la Création a son équilibre.

Si la plante n'était pas là pour te nourrir, si la pierre n'était pas là pour te stabiliser et si l'animal n'était pas là pour t'apporter un équilibre émotionnel, que ferais-tu de ta vie ?

Combien d'hommes sur la terre sont équilibrés par le règne animal ? Alors je te dis : d'une manière générale, respect pour tout ce qui porte la vie, qui a son propre chemin, qui évolue et qui, à sa manière, va vers le Père.

Respect des êtres différents ; respect de ceux qui te sont proches et identiques.

Qu'une chose te soit connue ou inconnue, respecte-la.

Le respect est la parole douce à un être pour qui on a de l'amour. Cet être peut être un Dieu, un homme, un animal, une montagne.

Sois doux dans ton regard parce que l'amour réconforte, stabilise et guérit tout. »

Seizième parole de l'Archange Michaël[1]
automne 2004, Terre cathare, France

1 - Collection Évangile Essénien, tome 1, *Trouve ton propre chemin*, Psaume 1 à 22 de l'Archange Michaël, Éditions Esséniennes.

Pour en savoir plus…

Les dernières parutions des Éditions Essénia

POUR EN SAVOIR PLUS

Les dernières parutions des Éditions Essénia

Collection *Pratique & Culture Esséniennes*

Livres d'étude :

- **Solve & Coagula,**
  Les secrets de la pierre philosophale
- **Les 22 Arcanas**
- **Dialogue théurgique avec la Mère**
- **Les Mystères de l'Esprit,**
  Un enseignement de l'Archange Michaël
- **Le livre secret des Mages esséniens,**
  Apprendre à vivre avec son Ange
- **Regard sur l'invisible,**
  L'Archange Michaël nous laisse regarder derrière le voile du mystère
- **Le sens du toucher,**
  Que la magie donne puissance à ta vie
- **Le sens du goût,**
  Développe l'amour en tout

Cahiers de loge *(réservés aux membres)* :

- **Solve & Coagula**
- **Les 22 Arcanas**
- **Honorer la Mère**
- **La porte des Mystères**
- **Accueillir le Nouveau-né de la Mère**
- **Force de Michaël**
- **Le sens du toucher,**
  Que la magie donne puissance à ta vie
- **Le sens du goût,**
  Développe l'amour en tout

Collection *Évangile Essénien*

- **Tome 18 - QUEL CHERCHEUR DE LUMIÈRE ES-TU ?**
  Psaumes de l'Archange Gabriel - 111-137
- **Tome 19 - LE SECRET DE LA PENSÉE ANGÉLIQUE**
  Psaumes de l'Archange Raphaël - 102-127
- **Tome 20 - AUX PORTES DE LA TERRE PROMISE**
  Psaumes de l'Archange Ouriel - 104-129
- **Tome 21 - HOMME, RETROUVE TA DIGNITÉ**
  Psaumes de l'Archange Michaël - 131-164
- **Tome 22 - GARDER SA MÉMOIRE APRÈS LA MORT**
  Psaumes de l'Archange Gabriel - 138-163
- **Tome 23 - LA PENSÉE CRÉATRICE**
  Psaumes de l'Archange Raphaël - 128-153
- **Tome 24 - L'ANDROGYNIE**
  Psaumes de l'Archange Ouriel - 130-155
- **Tome 25 - LES CLÉS DE LA MAÎTRISE**
  Psaumes de l'Archange Michaël - 165-190

Vous trouverez la liste complète des ouvrages d'Olivier Manitara sur le site :

www.Nation-Essenienne.org
Onglet : Boutique Essénienne

Pour contacter l'auteur :
ecriture.lumiere@gmail.com

Vous pouvez visiter le site de Marie-Christine et Lilas
qui se sont engagées dans la sauvegarde des animaux.
Vous pouvez les soutenir dans leur œuvre.

www.Alliance-Essenienne-de-Sauvegarde-des-Animaux.org

MARQUIS
Marquis imprimeur inc.
Québec, Canada
2011